행복한 억만장자 가문의 비결

김희정 류근영
최현주 류은임
지음

드림현미디어

[목 차]

행복한 억만장자 가문의 길이
당신에게 활짝 열려 있다.

당신은 행복한 가정을 이루고 있습니까?

당신은 어떤 가문의 일원입니까? 나는 행복한 억만장자 가문의 길을 가고 있습니다. 나는 어떤 어려운 일이 있어도 서로 믿고 사랑하는 행복한 가정을 이루었습니다.

나는 인생에서 가장 힘들었던 시기에 자기 계발에 아낌없이 투자해서 먼저 의식 수준을 높였습니다. 그 결과 자기 계발의 최고 수준인 책쓰기를 할 수 있게 되었습니다. 책쓰기로 인해 작가, 강연가, 사업가, 자산가의 길을 걷게 되었습니다. 그래서 행복한 억만장자 가문의 길을 가고 있습니다. 당신도 나처럼 행복한 억만장자 가문이 되는 길에 진입하십시오. 그 방법이 무엇일까요?

아일랜드 극작가이며 노벨상을 수상한 조지 버나드 쇼(George Bernard Shaw, 1856-1950)는 "사람들은 항상 그들의 위치가 그들의 환경 때문이라고 탓한다. 이 세상에서 성공한 사람들은 자리에서 일어나 그들이 원하는 환경을 찾는 사람들이다. 그리고 원하는 환경을 찾지 못할 경우에는 그들이 원하는 환경을 만든다"고 말했습니다. 나는 어떤 어려운 환경도 탓하지 않고 도약의 계기로 삼아 내가 원하는 행복한 억만장자 가문의 길을 가고 있습니다.

사람들은 자기 가문에 대해 "내 조상 중에 누가 정승이었다, 할아버지가 빌딩을 샀다, 형님이 고시에 합격했다"등의 내용으로 가문을 자랑합니다. 하지만 그런 것은 진짜 가문의 자랑이 될 수 없습니다. 그보다 수억 배의 가치와 영광이 있는 업적이 있어야 하는데 그것이 곧 자신의 이름과 얼굴, 삶과 깨달음이 담긴 두꺼운 책을 한 권 써내는 것입니다. 당신의 가문에 누가 책을 써냈습니까?

수백 년 흘러온 족보에 이름 석 자가 담긴 것을 두고 가문을 내세울 수 없습니다. 당신의 이름과 얼굴, 삶과 깨달음이 담긴 두꺼운 책을 한 권 써내면 두고두고 가문의 큰 영광과 자랑이 됩니다.

내가 어떻게 책을 써내게 되었을까요? 책을 써내겠다는 꿈을 가졌기 때문입니다. 나는 그동안 내가 꿈꾸고 소원한 것을 다 이루었습니다. 하나님을 경외하는 지혜로운 남자를 만나 결혼하기, 자녀를 많이 낳아 세계적인 인물로 양육하기, 집과 땅과 빌딩을 사서 자산가의 길을 걷기, 책을 쓰고 강연하고 코칭하기, 벤츠 타기 등의 꿈이 다 이루어졌습니다. 당신도 꿈을 꾸고 소원을 가지면 다 이루어집니다.

첫째, 나는 26세에 하나님을 경외하는 지혜로운 사람과 만나 결혼을 했습니다. 결혼 후 6년 만에 첫아이를 출산하고 하나님의 은혜로 4명의 아이들을 더 선물로 받아서 지금은 4남 1녀 5명의 사랑스러운 자녀들과 함께 세상에서 가장 행복한 가정을 이루고 살고 있습니다. 그중의 2명은 쌍둥이 아들입니다. 한 명의 자녀도 어렵게 얻었던 내가 지금은 5명의 자녀를 양육하고 있습니다.

당신도 혹시 자녀가 없어서 고민하고 있으면 나를 보고 희망을 가지고 기뻐하기를 바랍니다. 하나님께서 반드시 태를 열어 사랑스러운 자녀를 허락하실 것입니다.

나의 가족은 모두 예수 그리스도의 복음 안에서 하나가 되어 날마다 터져 나오는 기쁨과 감사로 살고 있습니다. 이것만으로도 나의 가정에 대한 설명은 충분합니다. 기쁨과 감사의 환하고 밝은 공기가 우리 가정의 분위기입니다. 더 이상 어떤 설명이 필요할까요?

가장 행복하고 좋은 일이 있을 때, 원하는 모든 일이 이루어 졌을 때 사람이 느끼는 감정은 기쁨과 감사입니다. 나의 가정은 감사와 기쁨이 넘치고 있습니다. 이것은 모든 환경과 조건과 화려한 이력을 능가하는 최고의 조건입니다. 이 감정을 느끼는 상태가 최고의 행복입니다.

모든 사람들이 궁극적으로 행복한 가정을 원하고 있습니다. 당신의 가정도 감사와 기쁨이 샘솟는 가정이 될 수 있습니다. 이 책을 읽으면 나의 가정과 가문에서 일어나는 온갖 좋은 일들이 당신의 가정과 가문에도 그대로 전염될 것입니다.

당신도 읽고 그대로 실천한다면 머지않아 당신이 원하는 행복한 가정과 모두가 부러워하는 가문을 세우게 될 것입니다. 하나님께서도 그것을 간절히 원하십니다. 당신의 가정과 가문의 번영과 행복은 하나님의 뜻입니다.

둘째, 나는 책쓰기로 가문을 위한 업적을 남겼습니다.

당신은 세계적인 명문 가문을 설명하는데 무엇이 필요하다고 생각하십니까? 명문 대학 출신, 박사 학위 몇 명, 국회의원 몇 명 등 여러 가지 화려한 스펙이 필요하다고 생각하십니까?

나의 가문은 온전한 예수 그리스도의 복음을 믿고 하나님을 경외하는 믿음의 가문입니다. 이 사실 하나만으로도 이미 하나님께서 인정한 세계적인 명문가입니다. 나는 오늘도 하나님께서 내게 주신 복과 은혜를 나누면서 사명을 감당하고 있습니다. 책을 써서 전국과 세계에 온전한 복음을 전하고 이를 통해 사람들을 살려내고 있습니다. 또한 당신이 진정으로 행복한 억만장자 가문의 길을 가도록 책을 쓰고 있습니다.

나의 가정과 가문은 하나님께서 믿는 자들에게 주시는 모든 복을 누리며 날로 강성해 가고 있습니다. 내 삶 전체에 다음과 같은 하나님의 복이 나타나고 있습니다. 공동저자로 참여한 천재작가님들의 가정과 가문에도 동일하게 하나님의 풍성한 복이 나타나고 있습니다.

"여호와께서 명령하사 네 창고와 네 손으로 하는 모든 일에 복을 내리시고 네 하나님 여호와께서 네게 주시는 땅에서 네게 복을 주실 것이며, 여호와께서 네게 주리라고 네 조상들에게 맹세하신 땅에서 네게 복을 주사 네 몸의 소생과 가축의 새끼와 토지의 소산을 많게 하시며, 여호와께서 너를 위하여 하늘의 아름다운 보고를 여시사 네 땅에 때를 따라 비를 내리시고 네 손으로 하는 모든 일에 복을 주시리니 네가 많은 민족에게 꾸어 줄지라도 너는 꾸지 아니할 것이요, 여호와께서 너를 머리가 되고 꼬리가 되지 않게 하시며 위에만 있고 아래에 있지 않게 하시리니.”(신 28:8, 11~13)

나의 가정과 가문은 건강과 부요함이 더해지고 천재적인 지혜가 터져 나오고 문필가 집단이 되어 온전한 복음을 전하고 있습니다. 당신과 당신의 가정도 그렇게 해야 합니다. 이를 위해 이 책을 출간했습니다.

이 책의 공동 저자로 참여한 분들은 모두 천재작가, 강연가, 사업가, 자산가의 길을 걷고 있습니다. 모두 내 가문의 일원들입니다. 가장 중요한 것은 이 책에 참여한 분들은 모두 하나님을 경외하는 중심을 가지고 있다는 것입니다. 나의 가문은 특별한 은총과 택함을 입은 가문입니다. 예수 그리스도의 복음을 가장 귀하게 여기고 그분을 가장 사랑합니다.

너무나 많은 가정과 가문이 무너지고 있습니다. 이제 당신의 가정과 가문이 일어나야 할 때입니다. 이제 일어나서 빛을 발하십시오. 이 책을 읽는 당신은 하나님께서 이미 허락하신 놀라운 복을 누리고 누구보다도 행복하고 기쁘게 살아야 할 의무가 있습니다.

세상이 보고 “와, 나도 저런 사람이 되고 싶어. 와, 나도 저런 가정을 만들고 싶어. 와 저런 가문을 세우고 싶어”라고 말하며 존경받을 만한 모델이 필요합니다. 나의 가정과 가문은 많은 사람들이 부러워하고 본받고 싶어 하는 모델입니다. 무엇보다 나의 가문은 믿음 안에서 하나가 되어 한 마음 한 뜻으로 뭉쳐 있습니다. 함께 행복한 억만장자의 길을 감사와 기쁨으로 가고 있습니다.

나폴레온 힐 (Napoleon Hill)은 "당신은 자신이 서 있는 곳과 나아가는 방향에 대해 만족하는가? 그렇지 않다면 자신의 인생을 조정하고 변할 필요가 있는 것은 모조리 변화시켜라. 당신에게는 그렇게 할 수 있는 힘이 있다. 당신의 세상을 변화시켜라"고 말했습니다. 이제 당신의 인생과 가정, 가문을 변화시키십시오.

이 책은 당신의 가정과 가문이 세계적인 믿음의 명문가, 행복한 억만장자 가문으로 거듭나도록 도울 것입니다. 당신과 당신의 가문을 행복한 억만장자의 길로 초대합니다.

2016년 4월 12일

천재코치 김 희 정

나는 책쓰기를 통해 내 가문을 명문가로 일으켰다

당신은 다른 사람이 성공하는 것에 대해 어떻게 생각합니까?

나는 나만이 아닌 내 주위에 있는 모든 사람이 성공하기를 원하고 또 그렇게 성공하도록 돕는 일을 하고 있습니다. 먼저 나 자신이 성공했습니다. 나는 56평 아파트를 사서 일곱 식구가 행복하게 살고 있고 또 벤츠를 타고 다닙니다. 내 삶과 깨달음을 담은 책을 몇 권 써냈고 강연과 코칭 사업을 하고 있습니다.

자기 계발 전문가인 지그 지글러(Zig Ziglar, 1926-2012)는 "다른 사람이 원하는 것을 얻도록 충분히 도와주면 당신이 원하는 모든 것을 얻을 수 있다"고 말했습니다. 나의 삶이 그렇습니다. 나는 내 형제와 친척과 이웃이 원하는 것을 얻도록 도와주고 내가 원하는 것을 다 얻었습니다.

나는 내가 성공한 것처럼 다른 사람을 성공시키기 위해 힘쓰고 있습니다. 당신은 어떻습니까? 혹시 사촌이 땅을 사면 배가 아프지 않습니까? 친척이나 이웃 중에 잘 나가는 사람이 있으면 배가 아파서 어쩔 줄 모르고 끌어내리며 험담하는 사람입니까? 아니면 잘나가는 친척이나 이웃을 보며 함께 기뻐하는 사람입니까?

사촌이 땅을 사면 배가 아프다? 나는 배가 부르다

나는 사촌이 땅을 사면 배가 아프다는 속담을 싫어합니다. 나는 이 속담과 반대로 살아왔습니다. 오히려 사촌과 이웃들이 땅을 사고 집을 사도록 진심으로 나의 일처럼 도왔습니다. 내가 56평의 아파트를 사고 난 후 내 주변에 있는 친척과 이웃들이 모두 나보다 몇 천만 원 싼 가격에 살 수 있도록 마음을 다해 도왔습니다.

사촌이 땅을 사니 배가 아픈 것이 아니라 오히려 배가 든든했습니다. 큰 보람을 느끼고 기쁨과 감사로 배가 불렀습니다. 나는 사촌이 땅을 사서 배가 아픈 게 아니라 기쁨과 감사로 배가 부른 사람입니다. 다른 사람이 진심으로 잘 되기를 바라면서 도와줄 때 느끼는 그 행복감은 나처럼 경험해 본 사람만 알 수 있습니다.

나의 책 〈천재작가 김희정의 책쓰기로 성공하라〉는 책을 읽고 감동을 받아 여러 권을 구입했던 부동산 사장님은 나에게 말했습니다. "사모님, 이 물건은 정말 좋으니 다른 사람에게 소개시켜 주지 말고 사모님이 꼭 사세요."

나는 내가 살고 있는 아파트를 나보다 싼 가격에 구입하는 친척들과 이웃들 때문에 얼마나 기쁘고 감사했는지 모릅니다. 함께 잘되고 함께 좋은 것을 누리게 된 것이 행복하고 또 행복했습니다. 그런데 내가 아는 어떤 사람은 친척이 명문 대학에 입학했다는 소식을 듣고 말했습니다. "이런 말 하기는 좀 그렇지만 솔직히 말해서 별로 기쁘지 않아요. 우리 애는 지방대에 들어갔거든요"라며 슬퍼했습니다. 당신은 어떻습니까?

다른 사람이 잘 나갈 때 함께 기뻐하는 것이 진정한 힘이다

친척이나 이웃이 슬픈 일을 당할 때 위로하는 것은 어찌 보면 쉽습니다. 하지만 남이 승승장구하며 잘 나갈 때 함께 나의 일처럼 기뻐하는 사람은 많지 않습니다. 오히려 시기하고 비난하고 비아냥거립니다. 자신에게 없는 것들을 상대방이 먼저 누릴 때 함께 기뻐할 수 있는 사람은 진정한 힘을 가진 사람입니다.

늘 자신의 처지를 남과 비교하며 불평하는 사람은 절대로 남이 잘 나갈 때 기뻐할 수 없습니다. 비교하는 사람은 자신에게 없는 것을 남이 누리고 가지게 되면 불안해집니다. 초조한 마음으로 더 슬퍼합니다. 하지만 정신을 차리고 감사해야 합니다. 기뻐해야 합니다. 당신의 주위에 다 망하는 사람만 있다면 어떨까요? 다 힘들어하고 슬퍼하는 사람만 있다면 어떨까요? 형편이 어려워 당신에게 손 내미는 사람만 가득하다면 어떨까요?

당신 가까이에 있는 형제자매, 친척과 이웃이 잘 나가고 잘 된다는 것은 그만큼 당신의 성공도 가까이에 있다는 것을 의미합니다. 그들로 인해 감사하고 또 감사해야 합니다. 당신이 본 것들을 누리게 될 가능성이 훨씬 큽니다. 당신보다 먼저 넓은 아파트와 빌딩을 사고, 좋은 차를 사고 책을 쓴 사람이 가까이에 있으면 당신도 그 세계에 진입하기가 수월해집니다.

그런 사람들을 보고 당신도 간절한 소원과 꿈을 가져야 합니다. "하나님, 저도 하고 싶어요. 저도 주세요"라고 구하고 감사하며 본받아야 합니다. 당신 가까이에 당신보다 잘 나가는 사람이 존재한다는 것은 비교와 원망과 불평거리가 아니라 큰 복입니다. 큰 기회가 당신에게도 있는 것입니다.

내 주위에 있는 사람들은 다 나를 따라 큰 평수의 아파트를 샀습니다. 이것은 작은 예입니다. 나를 보며 자신도 그렇게 되고 싶다고 생각했던 사람들은 얼마 지나지 않아 다 그 꿈을 이뤘습니다. 당신도 그렇게 하십시오. 잘 나가는 사람이 있으면 존경하고 본받고 함께 기뻐하십시오.

당신이 잘 나가는 사람이라면 당신의 친척과 이웃도 함께 누릴 수 있도록 이끌어 주십시오. 모두가 더 큰 복을 받고 행복을 누리며 살게 될 것입니다. 나는 지금까지 그렇게 살아왔습니다. 모든 좋은 것을 함께 나누며 나를 만난 사람들을 이끌어 주었습니다.

이 책을 읽는 당신도 천재코치 김희정을 만나면 가정과 가문을 행복하고 부요한 최고의 길로 이끌 수 있습니다. 천재작가, 강연가, 사업가, 자산가의 세계에 진입할 수 있습니다. 책쓰기, 강연 코칭을 받으십시오. 라이프 코칭 과정에 등록하십시오.

지금까지 당신의 생각과 말과 태도가 조금이라도 부정적이었다면 이제부터는 모든 생각과 말과 태도를 바꾸십시오. 당신의 입에서 나가는 칭찬과 축복의 말들이 먼저 당신에게 다 임할 것입니다.

나는 내가 먼저 누려서 좋은 것들을 나의 친척과 이웃들도 다 함께 누리는 것이 좋습니다. 그래서 성령님의 인도하심을 따라 마음을 다해 그들을 돕습니다. 그 결과 하나님께서는 나에게도 더 풍성히 좋은 것들을 계속 채워 주십니다.

자신을 남과 비교하는 사람은 세상에서 가장 불행한 사람이다

당신은 다른 사람, 다른 가정과 비교하면서 지금 누릴 수 있는 감사와 행복을 놓치고 있지는 않습니까?

나는 나 자신을 다른 사람과 비교하지 않습니다. 경쟁하지도 않습니다. 다만 다른 사람에게서 배워야 할 점이 있으면 겸손한 마음으로 본받습니다. 내가 하지 못한 것들을 먼저 성취하고 이룬 사람들을 존중하고 칭찬합니다.

그런데 항상 자신과 남을 비교하고 경쟁하면서 사는 사람은 상대방이 무언가를 먼저 이루면 속상해 하고 불안해합니다. 늘 상대방과 비교하면서 냉탕과 온탕을 오가듯이 열등감과 우월감을 왔다 갔다 합니다.

내 인생에서 가장 마음이 괴롭고 힘들었던 시기가 있었습니다.

외적인 상황과 환경과 상관없이 마음이 지옥 같았던 시기가 있었습니다. 그때 나는 누군가와 비교하고 경쟁하는데 온통 마음을 빼앗긴 적이 있습니다.

20대의 몇 년간의 시간을 시기, 질투, 비교에 마음을 빼앗겨서 정신을 차릴 수 없을 정도였습니다. 나는 그때 다른 사람과 비교하고 비교를 당하는 것, 시기 질투하는 것은 마음을 너무도 비참하고 슬프게 만든다는 것을 혹독하게 깨달았습니다.

형제, 자매, 친척, 친구나 다른 사람이 당신이 가지지 못한 것을 많이 가졌습니까? 당신에게 없는 재능이 있습니까? 비교 마인드와 경쟁 마인드를 버리고 다른 사람에게 있는 좋은 것들은 칭찬하고 인정하고 본받으십시오. 그러면 당신도 다 누리게 됩니다. 다 가지게 됩니다. 비교하는 사람은 세상에서 가장 불행한 사람입니다. 비교하면 비참해집니다. 본받아서 비상(飛上)하십시오.

돈 문제를 믿음으로 해결하고 그 돈을 자기 계발에 투자하라

당신은 돈이 많이 있습니까? 평생 돈 걱정 없이 쓰고도 남을 만큼 돈이 있습니까? 아니면 날마다 결재해야 할 돈 걱정과 빚더미로 인해서 낙심하고 있습니까? 당신이 지금까지 인생에서 겪은 문제들을 잘 생각해보십시오. 돈이 없어서 생긴 문제는 아닙니까? 대부분 돈이 있었다면 쉽게 해결할 수 있는 문제들은 아니었습니까?

나도 돈 문제로 인생의 중요한 선택을 할 때 제한 받은 적이 많이 있었습니다. 하지만 지금은 그렇지 않습니다. 믿음으로 제한 없이 사는 법을 계속 경험하고 있습니다.

나는 돈을 써야 할 때 돈이 아닌 가치를 먼저 생각합니다. 돈을 소비하고 낭비하는 것이 아닌 투자의 개념을 생각합니다. 그리고 투자해서 얼마나 남길 수 있는지 생각하고 필요할 때는 과감하게 투자합니다.

내 수중에 현금 뭉치를 들고 있어서 과감하게 투자를 할 수 있었던 것이 아닙니다. 간절한 열망과 믿음 뭉치를 들고 하나님께 구하고 한 걸음 내디뎠습니다. 당신도 지금 간절한 열망과 믿음 뭉치만 있으면 됩니다. 그러면 하나님께서 다 채워 주십니다.

가장 가치 있는 투자는 먼저 자기 계발에 투자하는 것입니다. 당신도 이를 위해 책쓰기, 강연 코칭, 공동저자, 퍼스널 브랜딩에 등록하십시오. 결코 후회하지 않는 값진 투자가 될 것입니다.

나는 가장 힘들 때 책을 썼다. 그러자 많은 문제가 해결되었다

나도 책쓰기 코칭을 받을 때 코칭비를 마련해야 했습니다.

나의 첫 책 〈작가와 강연가 사업가의 길을 가라〉는 공동 저자로 출간을 했는데 당시에 내 수중에는 책쓰기 코칭을 받을 돈도, 공동저자에 등록할 돈도 없었습니다.

여러 가지 상황도, 마음도 많이 어렵고 힘든 때였습니다. 마음을 지키며 감사하면서 살고 있는 자체가 기적인 나날들이었습니다.

그런 순간에 여러 과정을 거쳐서 결국에는 책을 쓰게 되었습니다.

그 당시에 나에게는 책 쓰는 일이 시급한 것이 아니었습니다. 당장에 해결할 문제들이 너무나 많았습니다. 책을 써야 한다는 것이 이해가 되지 않았습니다.

하지만 가장 먼저 책을 쓰고 책쓰기 코칭을 받고 의식 수준을 높이기 위한 자기 계발에 투자했습니다. 의식 수준이 높아지고 나의 마인드가 부요 마인드로 바뀌고 나니 그에 걸맞은 환경이 펼쳐지기 시작했습니다. 내가 원하는 건물과 아파트를 샀습니다. 벤츠를 사고 럭셔리한 가방과 구두도 샀습니다.

나는 지금도 계속 아파트를 사고 있습니다. 건물을 보러 다닙니다. 땅을 보러 다닙니다. 책을 읽고 있습니다. 코칭 사업과 출판 사업을 하고 있습니다. 결국 원하는 것을 다 하면서 살고 있습니다. 당신도 나처럼 그렇게 하십시오.

당신도 혹시 당장 해결할 문제들이 많이 있습니까? 코칭비를 내고 책을 쓰고 출간해야 하는 일들이 이해되지 않습니까? 망설이지 말고 믿음으로 시도해 보십시오. 내가 한 것처럼 당신도 다 할 수 있습니다.

하나님은 당신의 인생을 몇 수가 아니라 만 수 앞을 내다보시며 이끌고 계십니다. 당신의 앞날을 다 알고 계시는 하나님께서 한 걸음씩 가장 좋은 길로 인도하고 계십니다. 하나님은 이 세상에 진정한 참 신이십니다. 그분은 당신의 인생을 한 치의 오차 없이 이끌고 계십니다. 이 책을 만난 것은 우연이 아닙니다. 정확한 하나님의 인도입니다.

책쓰기는 당신의 가정과 가문을 일으키는 강력한 도구이다

당신도 책을 써야 합니다. 지금은 다 이해가 안 되겠지만 먼저 당신 자신을 위해 그리고 당신의 가정과 가문을 위해 반드시 책을 써야 합니다.

올해 명절 때 온 가족이 모였을 때입니다. 시아버님께서 가문의 이야기를 들려주셨습니다. 나라를 위해 목숨을 걸고 일생을 사셨던 시조부님과 시증조부님의 이야기였습니다. 아무것도 기록이 되어 있지 않아 아버님을 통해 부분적으로 들을 수밖에 없었습니다. 시아버님도 당신의 아버님께서 어떤 인생을 사셨는지 다 알 수가 없다고 하셨습니다.

하루는 시아버님께서 시조부님께 질문을 했다고 합니다. "아버지는 도대체 어떤 분입니까? 어떤 사상을 가지고 계십니까?" 그러자 시조부님은 "나를 알려면 독일의 수상 책을 읽어 보거라"고 말씀하셨다고 했습니다.

당신은 당신의 자녀와 자손들에게 어떤 책을 추천할 것입니까? 남이 쓴 책을 추천하는 것도 좋지만 가장 좋은 것은 당신이 직접 쓴 책입니다. 당신이 직접 책을 써서 자녀와 자손에게 남겨야 합니다. 당신의 소중한 인생에서 깨달은 이야기를 다 기록해야 합니다. 그래서 자녀와 후손들에게 소중한 인생의 지혜와 정신적인 유산을 물려주어야 합니다. 책으로 기록하지 않으면 알 수 없습니다.

지금 당신의 가정과 가문의 이야기를 책으로 남길 것을 결단하십시오. 그리고 실천하십시오. 천년 동안 남을 소중한 가정과 가문에 가보가 될 것입니다. 책을 쓰는 것은 하나님께서 특별히 당신에게 허락하신 기회이자 명령입니다.

지금 형편이 안 된다고 포기하지 마십시오. 수중에 돈이 있다고 할 수 있는 것이 아닙니다. 믿음이 있으면 할 수 있습니다. 당신에게는 믿음이 있습니다. 지금 010.2908.5009로 문자를 보내서 '공동 저자'와 '퍼스널 브랜딩'에 등록하십시오. '책쓰기, 강연코칭'에 등록하십시오.

5천만 원을 투자해서 가장 많은 수익을 남기는 방법이 있다

당신에게 돈 5천만 원은 어떤 가치를 지니고 있습니까? 지금 당신에게 돈 5천만 원이 생긴다면 무엇을 하겠습니까? 요즘 같은 저금리 시대에는 적절하게 투자할 곳을 찾아야 합니다. 사람마다 가장 가치가 있다고 생각하는 곳, 가장 시급하고 중요하다고 생각하는 곳에 사용을 할 것입니다.

나는 먼저 의식을 성장시키는데 사용했습니다.

나는 먼저 지혜를 얻는데 사용했습니다.

나는 먼저 책을 쓰는데 사용했습니다.

나는 먼저 중요한 코칭을 받는데 사용했습니다.

나는 먼저 내면의 보석을 늘리는데 투자했습니다.

그 보석은 잃어버리거나 사라질 염려도 없습니다. 그러니 나머지도 결국 다 따라왔습니다. 놀랍게 성장했습니다. 지금도 나는 그렇게 하고 있습니다. 당신도 그렇게 해 보십시오. 당장 눈앞에 보이는 문제만 해결하는데 당신의 돈을 다 사용하지 말고 자신을 위해 투자하십시오.

어떤 사람은 매월 내는 이자가 부담스러워 당장에 있는 빚을 갚을 것입니다. 어떤 사람은 부동산에 투자할 것입니다. 어떤 사람은 멋진 옷과 구두와 가방을 살 것입니다. 어떤 사람은 저축할 것입니다. 그것도 필요합니다. 하지만 그걸로 끝입니다. 내면의 성장은 없습니다.

자기 계발을 위해 투자한 돈은 사라지지 않습니다. 당신의 마음과 생각에 고스란히 남아서 당신의 의식을 성장시켜 줍니다. 더 새롭고 큰 세계로 진입하도록 이끌어 줄 것입니다.

시간과 돈을 낭비하거나 소비만 하지 말고 투자하는 인생을 살아야 합니다. 나는 힘에 지나도록 자기 계발에 투자했고 계속 거두고 있습니다. 지금도 나는 자기 계발에 계속 시간과 돈을 투자하고 있습니다. 그리고 지금도 계속 거두고 있습니다.

당신도 나처럼 부요 마인드로 무장하고 천 년 동안 남을 책을 써서 당신의 가정과 가문을 일으켜 세우십시오. 하나님이 당신에게 허락하신 한번뿐인 인생의 소중한 깨달음을 책에 담아서 후손에게 전하십시오. 이웃에게 전하십시오. 당신의 가정과 가문을 위한 후회 없는 최고의 선택이 될 것입니다.

시간과 공간을 초월해 모든 문제가 해결되었다고 믿으라

당신은 가족으로 인해 힘들어 하고 있습니까?

당신의 가정에는 어떤 문제가 있습니까? 질병, 돈, 인간관계의 문제 중 어떤 것입니까? 혹시 가족이나 친척의 행동이 이해되지 않아 힘들어하고 있지는 않습니까? 진정으로 당신의 가정과 가문을 일으키고 회복시키고 싶은 마음이 있습니까?

혹시 당신은 '내 남편은 더 이상 변하지 않을 거야. 내 아내는 정말 나를 힘들게 해'라고 생각하며 포기하지는 않았습니까?

"나는 빚더미에 앉았어. 도저히 해결할 수 없어. 너무 힘들어."

"몸이 너무 아파. 왜 빨리 낫지 않는 거야? 도대체 뭐가 잘못된 걸까?"라며 문제에 집중해서 고뇌하고 있지는 않습니까?

나도 건강 문제, 돈 문제, 인간관계 문제로 많은 고통을 겪었습니다. 믿었던 사람에게 큰돈을 꾸어 주고 돌려받지 못해서 어려움을 겪기도 했고, 진심으로 사랑했던 사람에게 큰 배신을 당하기도 했습니다. 때로는 몸이 아파서 힘든 시간을 보내기도 했습니다.

이런저런 문제로 어려움을 겪을 때는 '과연 이 고통이 언제쯤 끝이 날까?'라는 생각으로 하루하루를 버틴 날들도 있었습니다. 오직 하나님만 바라보며 기다리고 또 기다려야 했습니다. 기다림의 터널을 지날 때는 정말 그 시간이 길게만 느껴졌습니다.

하지만 그 시간을 통해서 나는 하나님의 군사답게 더욱 강해졌습니다. 하나님과 동행한 나의 삶과 깨달음은 세상에서 단 하나 밖에 없는 빛나는 보석으로 남아 있습니다.

모든 문제보다 중요한 것은 그 문제를 대하는 당신의 태도와 생각입니다. 당신의 믿음입니다. 생각한 대로 믿은 대로 결국 모든 환경이 펼쳐지기 때문입니다. 그렇기에 당신 한 사람이 바로 서서 흔들리지 않는 기둥처럼 굳건히 서 있으면 당신의 가정과 가문이 다시 살아납니다. 아무런 가망이 없는 것 같아도 회복됩니다.

당신 한 사람만 믿음을 지켜도 결코 무너지지 않습니다.

죽은 자도 다시 살리는 하나님이 당신의 모든 문제를 해결한다

당신은 죽은 나사로를 살리신 예수님이 능력을 알고 있습니까?

나는 요한복음 11장에 나오는 이 장면을 읽으면서 큰 깨달음을 얻었습니다. 내가 어렵고 불가능하다고 생각되는 문제에 부딪힐 때마다 이 말씀은 나에게 큰 힘이 됩니다. 나사로, 마르다, 마리아 삼남매를 모두 사랑하셔서 이 가정을 일으키시고 생명과 믿음을 회복시키신 예수님의 일하심을 볼 때마다 지금도 큰 감동을 받습니다.

예수 그리스도께서 죽은 나사로를 살리셨습니다. 죽은 자를 다시 살리시는 그 능력이 지금 당신과 당신의 가정에도 함께하고 있습니다. 죽은 나사로를 살리신 하나님이 죽은 것 같은 당신의 가정을 살리십니다. 죽은 것 같은 당신의 모든 관계를 살리십니다. 하나님은 살리시는 분입니다. 이 사실을 굳게 믿고 당신도 예수 그리스도의 이름으로 명령하십시오.

"죽은 나의 가정아, 살아나라! 죽은 나의 가문아, 일어나라!"

가족 중의 누군가로 인해 죽을 것 같이 힘들 때 죽은 자를 다시 살리는 전능하신 하나님의 능력이 당신의 가정에 임할 것을 믿으십시오. 당신이 믿으면 죽은 것 같은 가정과 가문이 다시 일어섭니다. 온 가족이 결국 다 회복되고 살아납니다.

나사로가 죽었을 때 나사로의 누이들인 마르다와 마리아는 너무 슬퍼서 엉엉 울었습니다. 사랑하는 예수님이 오라비인 나사로가 죽기 전에 오셔서 당연히 고쳐 주실 줄 알았습니다. 이들은 믿음이 있었습니다.

'괜찮아, 예수님만 오시면 우리 오라비는 금방 나을 수 있어'라고 생각하며 예수님을 기다리고 있었습니다. 그런데 그토록 기다리는 예수님은 나타나지 않으셨습니다. 최악의 상황이었습니다.

예수님은 오시지 않았고 나사로는 결국 숨을 거두었습니다.

"이제 다 끝났구나. 어떻게 이럴 수가 있지? 예수님이 조금만 일찍 도착하셨으면 우리 오라비가 죽지 않고 살 수 있었을 텐데. 사람이 죽어 가는데 조금만 더 빨리 오실 수 없었나?"

혹시 당신도 절박하게 하나님이 빨리 해결해 주기를 바라는 문제가 있습니까? 아무리 기다리고 기다려도 해결되지 않는 문제가 있습니까? 사람의 눈으로 볼 때는 포기할 수밖에 없는 문제를 만나서 엉엉 울고 있지는 않습니까?

그런데 바로 그때 예수님은 찾아오셨습니다. 나사로가 죽은 지 나흘 만에 나타나셨습니다. 도저히 사람의 힘으로 해결할 수 없어서 자포자기하고 있을 때 예수님이 말씀하십니다.

"내가 능히 이 일을 해결할 줄 믿느냐?"

당신의 능력이 아닌 예수님의 능력으로 문제는 해결된다

예수님의 관심은 당신이 해결할 문제가 얼마나 많고 어려운가에 있지 않습니다. 당신이 얼마나 큰 능력을 가지고 있느냐가 아닙니다. 타고난 재능이 얼마나 있는지도 아닙니다. 당신이 얼마나 똑똑하고 지식이 많은지도 아닙니다. 이 구절을 다시 보십시오.

"네가 이 일을 해결할 수 있느냐?"가 아닙니다.

"내가 이 일을 해결할 줄 믿느냐?"입니다.

이미 죽은 지 나흘이 지나 시체에서 썩은 냄새가 진동했습니다.

이제는 나사로의 죽음을 명백한 현실로 받아들여야 했습니다. 하지만 그 믿음은 완전히 포기한 것은 아니었습니다. '그러나 나는 이제라도'라고 생각하며 예수님 앞에 자신의 생각을 굴복시켰습니다. 이 장면이 성경에 나옵니다. 자세히 읽어 보십시오.

"마르다가 예수께 여짜오되 주께서 여기 계셨더라면 내 오라버니가 죽지 아니하였겠나이다. 그러나 나는 이제라도 주께서 무엇이든지 하나님께 구하시는 것을 하나님이 주실 줄을 아나이다. 예수께서 이르시되 네 오라비가 다시 살아나리라. 마르다가 이르되 마지막 날 부활 때에는 다시 살아날 줄을 내가 아나이다. 예수께서 이르시되 나는 부활이요 생명이니 나를 믿는 자는 죽어도 살겠고 무릇 살아서 나를 믿는 자는 영원히 죽지 아니하리니 이것을 네가 믿느냐 이르되 주여 그러하외다. 주는 그리스도시요 세상에 오시는 하나님의 아들이신 줄 내가 믿나이다."(요 11:21~27)

당신도 사람의 힘으로 해결할 수 없는 큰 문제로 인해 잠시 낙심하고 슬퍼할 수 있습니다. 하지만 마르다처럼 한 가닥이라도 믿음의 끈을 절대로 놓지 마십시오. 비록 눈앞에 보이는 안 좋은 상황 때문에 힘들어도 마르다처럼 "그러나 나는 이제라도"라고 말해야 합니다.

"그러나 나는 이제라도 하나님이 일하시면 다 해결하실 수 있음을 믿습니다"라고 소리 내어 힘 있게 고백하십시오. 당신이 믿는 대로 기적이 일어날 것입니다. 예수님은 "그러나 나는 이제라도 믿습니다"라고 고백했던 마르다에게 말씀하셨습니다.

"네 오라비가 다시 살아나리라."(요 11:23)

지금 이 순간 주님께서 당신에게도 말씀하십니다.

“네 죽은 재정이 살아나리라.”
“네 죽은 관계가 살아나리라.”
“네 죽은 건강이 살아나리라.”
“네 죽은 세포가 살아나리라.”
“네 죽은 교회가 살아나리라.”
“네 죽은 지혜가 살아나리라.”
“네 죽은 재능이 살아나리라.”
“네 죽은 가정이 살아나리라.”
“네 죽은 가문이 살아나리라.”

전능하신 하나님의 선포가 있어도 당장 원하는 시간에 문제가 해결되지 않고 상황이 바뀌지 않으면 또 다시 낙심할 수 있습니다.

마르다는 “네 오라비가 살아나리라”는 놀라운 말씀을 예수님으로부터 직접 듣고도 눈앞에 있는 현상을 보고 “주여, 죽은 지가 나흘이 되었으매 벌써 냄새가 나나이다”라고 말했습니다.

다시 주님은 말씀하셨습니다. “내 말이 네가 믿으면 하나님의 영광을 보리라 하지 아니하였느냐?”(요 11:40) 예수님은 나사로가 죽어서 냄새가 나는 절망적인 상황에 관심이 있는 것이 아니었습니다. 사랑하는 나사로의 죽음을 아무렇지도 않게 여겨서도 아니었습니다. 예수님은 전능하신 하나님이기 때문에 사람이 볼 때 불가능한 문제를 어렵게 여기지 않았습니다.

예수님의 관심은 당신의 문제보다 당신의 믿음에 있다

예수님의 관심은 마르다가 믿느냐 믿지 않느냐에 있었습니다. 마르다의 동생 마리아가 믿는지 믿지 않는지에 있었습니다. 당신이 가진 문제는 예수님이 한순간에 다 해결하실 수 있지만 당신이 믿지 않는다면 아무 소용이 없습니다. 그래서 당신의 믿음에 예수님의 모든 관심이 집중되어 있습니다.

그리고 예수님은 나사로 집안의 삼남매 모두에게 깊은 관심을 갖고 계셨습니다. '나 하나쯤은 잘 안 믿어도 괜찮겠지'라고 생각하지 마십시오. 바로 그런 생각을 하는 당신에게 예수님의 관심이 집중되어 있습니다. 당신뿐만 아니라 당신의 가정과 가문에 있는 각 사람에게도 깊은 관심과 사랑을 가지고 계십니다. 각 사람의 믿음에 큰 관심을 가지고 계십니다.

예수님은 어디를 가든지 무엇을 하든지 '사람들의 문제'가 아닌 '사람들의 믿음'을 궁금해 하십니다. 하지만 사람들은 여러 가지 상황과 현재의 문제를 나열하는데 관심이 집중되어 있습니다. 우리는 정신을 차리고 "나는 할 수 없지만 하나님은 다 하실 수 있다"는 믿음을 지켜야 합니다.

"그들이 믿지 않음으로 말미암아 거기서 많은 능력을 행하지 아니하시니라."(마 13:58) 표준 새번역에는 "예수께서는 그들의 믿지 않음 때문에, 거기서는 기적을 많이 행하지 않으셨다"고 되어 있습니다. 당신의 삶에 많은 기적을 가져오는 유일한 방법은 믿음입니다. 이제 예수님은 죽은 나사로를 향하여 명하십니다.

기적이 일어나기 전에 당신이 할 일이 있다

"큰 소리로 나사로야 나오라."(요 11:43)

죽은 나사로를 살리신 예수님이 이제 당신에게 큰 소리로 명하십니다. 당신 안에 살아 계시는 예수님께서 큰 소리로 명령하십니다. 그런데 여기서 먼저 할 일이 있습니다. 돌을 옮겨 놓는 것입니다. "이에 예수께서 다시 속으로 비통히 여기시며 무덤에 가시니 무덤이 굴이라 돌로 막았거늘 예수께서 이르시되 돌을 옮겨 놓으라 하시니……"(요 11:38~39)

이때 마르다는 힘들어 했습니다. 주위에서는 웅성거렸습니다.

"맹인의 눈을 뜨게 한 이 사람이 그 사람은 죽지 않게 할 수 없었더냐?"

당신 주위에도 당신의 문제에 대해서 이러쿵저러쿵 참견만 하면서 전혀 도움이 되지 않는 사람들이 있다면 거리를 두고 차단해야 합니다. 마르다는 여전히 예수님을 사랑했습니다. 예수님을 믿었습니다. 하지만 이 상황에 대해서는 예수님께 할 말이 있었습니다.

"그 죽은 자의 누이 마르다가 이르되 주여 죽은 지가 나흘이 되었으매 벌써 냄새가 나나이다."

돌을 옮기러 갔는데 시체의 냄새가 났습니다. 마르다가 보고 있는 명백한 사실이고 경험입니다. 예수님의 관심은 시체에서 나는 냄새도 아니었습니다. 냄새가 나도 믿느냐는 것입니다. 너는 돌을 옮기면 된다는 것입니다. 당신에게도 말씀하십니다.

"돌을 옮겨 놓으라."

더 이상 당신의 생각과 경험으로 이것만은 안 된다고 생각한 것
이 있습니까? 생각만 해도 골치가 아프고 도저히 해결할 수 없는
문제라서 마음으로 포기하고 굳게 닫고 있는 것이 무엇입니까?

수십억의 빚, 의사도 못 고치는 질병, 어느 누구에게도 말할 수
없는 가정 문제 등 그것이 무엇이든 이것만은 안 된다고 단정 짓고
있는 생각이 '치워야 할 돌'입니다. 하나님도 어떻게 할 수 없을 거
라고 생각하고 믿지 못하는 것이 '옮겨 놓아야 할 돌'입니다.

어떻게 하면 돌을 옮겨 놓을 수 있을까요?

예수님께서 방법을 말씀해 주셨는데 "내 말이 네가 믿으면 하나
님의 영광을 보리라 하지 아니하였느냐?"라고 하신 것입니다.

당신의 말이 아닙니다. 주위 사람들의 말이 아닙니다. 곁에서 울
고 있는 가족인 마리아의 말도 아닙니다. '내 말'을 믿어야 합니다.
누구의 말을 듣고 믿어야 합니까? 바로 '예수님의 말'입니다. 마르
다 에게는 "네 오라비가 다시 살아나리라"는 말이었습니다.

지금 당신에게 말씀하십니다. "네가 가진 문제가 무엇이든지 내
가 해결할 테니 너는 믿기만 하라." 그때 당신이 해야 할 일은 마음
에 있는 돌을 옮기는 것입니다. 도저히 당신 생각에는 안 될 것 같
지만 하나님은 할 수 있다고 믿음으로 고백하는 것입니다.

돌을 옮기고 난 후 곧바로 하나님이 일하십니다.

"돌을 옮겨 놓으니 예수께서 눈을 들어 우러러 보시고 이르시되
아버지여 내 말을 들으신 것을 감사하나이다. 항상 내 말을 들으시
는 줄을 내가 알았나이다. 그러나 이 말씀하옵는 것은 둘러선 무리
를 위함이니 곧 아버지께서 나를 보내신 것을 그들로 믿게 하려 함

이니이다. 이 말씀을 하시고 큰 소리로 나사로야 나오라 부르시니 죽은 자가 수족을 베로 동인 채로 나오는데 그 얼굴은 수건에 싸였더라. 예수께서 이르시되 풀어 놓아 다니게 하라 하시니라."(요 11:41~44)

죽은 나사로를 살리신 하나님이 당신의 모든 절망적인 문제들을 다 해결해 주실 것입니다. 전능하신 하나님을 믿으면 당신의 삶에 수많은 기적이 일어날 것입니다. 나사로와 그의 가족들에게 일어났던 기적이 당신의 가정에도 일어날 것입니다. 이 사실을 기억하십시오. "사람은 할 수 없어도 하나님은 다 할 수 있다."

당신의 태도와 생각을 바꾸면 환경도 다 바뀐다

당신은 가정에서 누가 변하기를 기다리고 있습니까?

부모입니까? 자녀입니까? 형제자매입니까? 당신은 어떤 환경이 바뀌기를 간절히 바라고 있습니까? 나는 가족이나 상대방의 변화를 바랄 때 먼저 내 자신의 마음과 생각을 점검합니다. 그리고 믿음의 기도를 합니다. 이것이 가장 빠른 방법입니다.

상대방이 변하기를 기다리지 마십시오. 환경과 상황이 바뀌기만을 바라지 마십시오. 그건 너무나 소극적인 선택이고 어리석은 방법입니다. 대신 당신이 먼저 태도와 생각을 바꾸고 말을 바꾸십시오. 생각지 않은 때에 어느 날 홀연히 놀라운 일이 일어납니다. 주변 상황과 주위 사람의 변화를 기다리며 애태우지 말고 당신이 계속 아름답게 성장하고 변화하는 것에 관심을 기울이십시오. 그것이 가장 현명한 선택입니다.

어떻게 하면 가정의 모든 문제를 아름답고 쉽게 해결할 수 있을까요?

첫째, 문제를 해결하는 전능하신 하나님을 의지해야 합니다.

당신이 가진 모든 문제보다 하나님은 크신 분입니다. 문제를 바라보면 문제에 빠져들고 낙심하게 됩니다. 문제와 현상을 바라보며 한숨짓지 말고 문제를 해결해 주시는 분을 바라보십시오.

베드로가 물위를 첨벙첨벙 걷다가 파도를 바라보는 순간 물에 빠져 버렸습니다. 당신의 가정에 어떤 문제가 있더라도 두 눈을 예수님께만 고정하십시오. 보이는 현상과 문제에 눈을 고정하면 문제는 해결되지 않고 당신이 문제에 빠져 헤어 나오기 어렵습니다.

"믿음의 주요 온전케 하시는 이인 예수를 바라보라"고 했지 문제를 바라보라고 하지 않았습니다. 예수님을 바라본다는 것은 멍하니 멀리 계신 하나님을 아무 생각 없이 바라보라는 뜻이 아닙니다. 명확하게 문제의 해결자인 전능하신 주님께 당신의 모든 감각을 고정시키고 눈을 고정시키라는 것입니다. 몰입해서 고정시키고 해결자인 주님만 완전히 믿어야 합니다.

그러면 신기하게도 눈에 보이는 문제에 집중했던 온 감각이 무뎌집니다. 대신 믿음의 감각은 날카롭게 살아나서 모든 문제를 다 이기고 삼켜 버릴 정도가 됩니다.

나는 믿음으로 모든 문제를 해결한다

둘째, 모든 문제의 대처 방법은 처음부터 끝까지 믿음입니다.

당신이 원치 않는 가정의 여러 가지 어려움과 문제들을 보며 동동거리거나 낙심하지 마십시오. 그 대신 모든 문제가 시간과 공간을 초월해서 이미 다 해결되었다고 믿으십시오. 그러면 그 믿은 대로 어느 순간 역사가 일어납니다. 엉킨 실타래처럼 복잡해 보이던 문제들이 어느 한순간에 풀어지는 것을 경험하게 됩니다.

내가 그랬습니다. 돈 문제, 인간관계 문제, 건강 문제가 한꺼번에 작정한 듯이 달려들어 나를 힘들게 했습니다. 하지만 나는 여러 가지 문제들 앞에서 낙심하고 원망하고 힘들어하는 대신 믿는 일을 선택했습니다. 내가 해결할 수 없는 일이기에 가장 능력이 많으신 분을 의지해야 했습니다.

나는 이제껏 상담과 사역을 하면서 수많은 사람들을 만났습니다. 깨지고 무너진 가정과 가문의 특성이 있었고 화목하고 잘되는 가정과 가문의 특성이 있었습니다.

서로 상처를 주고받으며 관계가 깨어진 가정은 대부분 모든 것을 남 탓으로 돌립니다. 자신의 행동과 반응은 상대방이 잘못했기 때문이라고 생각합니다. 그리고 분노로 가득 차 있습니다. 자신의 입장과 감정에만 민감하고 충실합니다. 자신이 보고 느낀 것이 전부이자 진리라고 착각합니다.

상대방의 감정과 입장을 조금도 생각지 않습니다. 그저 나만 억울합니다. "다 너 때문이야"라고 생각하고 말합니다. "다 그 일 때문이야”라고 말하며 환경과 상황에 책임을 다 돌립니다.

물론 원치 않는 사건과 상황이 벌어질 수 있습니다. 상대방이 원치 않는 반응을 보일 수 있습니다. 하지만 기억하십시오. ‘누구 때문에, 무엇 때문에’라고 생각하며 수동적인 태도로 살면 인생은 내가 아닌 다른 사람들의 반응과 외부의 환경과 상황에 의해 계속해서 흔들리게 됩니다. 이것처럼 가볍고 불쌍한 인생은 없습니다. 반면에 같은 상황과 사건을 겪으면서도 하나님을 의지하고 강인하게 일어서며 도약하는 사람이 있습니다.

그런 사람은 가정과 가문을 일으키고 살려냅니다. ‘저 사람이 나한테 어떻게 저럴 수 있지?’라고 생각하며 나를 괴롭게 하는 사람을 향해 분노하지 않습니다. 그럴 시간에 ‘그럴 수도 있지’라고 생각하며 빨리 털어 버립니다.

그리고 나의 태도를 선택합니다. 최상의 태도를 선택합니다.

“나는 그래도 저 사람을 용서할 거야.”

상대방의 행동과 생각과 말을 내가 통제할 수는 없어도 나의 행동과 생각과 말을 내가 통제할 수 있습니다. 여기에 모든 것을 이기고 해결하는 비결이 담겨 있습니다. 꼭 기억하십시오. 나도 이 비결로 모든 어려움을 이겨냈습니다.

그리고 무엇보다 하나님께서 말씀대로 내 편에서 크게 도우시고 큰 위로로 함께 하셨습니다. “여호와는 내 편이시라 내가 두려워하지 아니하리니 사람이 내게 어찌할까.”(시 118:6)

당신은 부부간의 관계가 좋지 않아서 고통스럽습니까? 자녀가 말썽을 일으켜서 염려하고 있습니까? 부모님 때문에 상처를 받았습니까? 당신의 고통이 남편 때문에, 아내 때문에, 자녀 때문에, 부모님 때문이라고 생각하며 상대방이 반드시 먼저 변해야 행복할 거라고 기대하고 있지는 않습니까?

그렇게 생각하고 기대한다면 상대방이 변화되기까지 당신의 모든 인생은 송두리째 상대방의 행동에 따라 수동적으로 반응만 하는 힘없이 요동치는 삶을 살게 됩니다.

하지만 당신이 상대방의 행동에 따라 반응하고 일희일비하는 가벼운 태도를 거부하고 마음을 지킨다면 놀라운 기적이 일어나게 됩니다. 내가 그랬습니다. 나에겐 상대방이 어떤 행동을 해도, 어떤 상황이 벌어져도 생명을 지키는 것처럼 굳게 지키는 마음의 태도가 있습니다.

나는 어떤 순간에도 감사하고 기뻐한다. 그래서 항상 행복하다

내 감정과 내 입장보다 하나님의 말씀을 굳게 지킵니다. "항상 기뻐하라. 쉬지 말고 기도하라. 범사에 감사하라. 이는 그리스도 예수 안에서 너희를 향한 하나님의 뜻이니라."(살전 5:16~18)

상대방의 이해되지 않는 말과 행동, 원치 않는 상황이 벌어져도 나를 향한 하나님의 뜻은 한결 같습니다. 나는 기쁨과 감사를 잃지 않습니다. 내안에 살아 계신 성령님과의 교제를 더 뜨겁게 하며 그 음성에 귀 기울입니다.

주위에 온통 이해되지 않는 사람들로 인해 도저히 믿기지 않는 일이 생겨도 당신을 향한 하나님의 뜻은 한결같습니다. 하나님은 당신을 가장 사랑하시고 가장 좋은 길로 인도하고 계십니다.

"하나님을 사랑하는 자 곧 그 뜻대로 부르심을 입은 자에게는 모든 것이 합력하여 선을 이루느니라."(롬 8:28)

이건 당신의 경험과 느낌이 아니라 진실이고 진리입니다. 하나님께서 보증한 진리입니다. 당신의 인생에 일어나는 모든 일들이 최고의 작품을 위한 하나하나의 멋진 퍼즐 조각이었다는 것을 믿고 감사하십시오.

나는 눈앞에 일어나는 여러 가지 사건들, 여러 사람들로 인해서 엄청난 아픔도 겪었고 도무지 이해되지 않는 일들을 수없이 많이 경험했습니다. 하지만 나는 절대로 낙심하고 좌절하지 않았습니다.

사람들이 나를 구덩이에 빠뜨리고 해하려고 했지만 나는 그들을 원망하거나 미워하지 않았습니다. 분을 품고 원수를 갚지도 않았습니다. 나는 내가 원치 않는 환경과 사람들을 바라보고 있지 않았습니다. 실제로 내 인생을 책임질 수 없는 잡다한 사람들의 소리로부터 과감하게 단절을 선언했습니다.

고개를 돌려 오직 주님과 주님께서 나에게 하시는 말씀에만 귀 기울였습니다. 그리고 감사했습니다.

"하나님 나에게 왜 이런 일을 허락하셨나요? 정말 억울합니다. 어떻게 나에게 이런 일이 일어나나요? 하나님은 다 알고 계셨으면서 왜 그냥 내버려 두셨나요?"라고 말하며 원망하고 주저앉을 수 있었지만 나는 그렇게 말하지 않았습니다.

오히려 나는 하나님께 진심으로 고백했습니다.

"사랑하는 나의 아버지, 내가 다 알지 못하는 더 큰 계획하심이 있는 줄 믿습니다. 제게 이 모든 것을 감당할 수 있는 큰 믿음을 주셔서 감사합니다. 지금은 다 이해할 수 없지만 하나님의 나를 향한 영원한 큰 사랑을 조금도 의심하지 않습니다. 그 무엇도 그리스도를 향한 나의 사랑에서 절대로 끊을 수 없습니다. 오, 나의 하나님 감사합니다. 주님의 일하심을 굳건히 신뢰합니다. 사랑합니다."

당신도 이해되지 않는 상황에서 고통스러울 때, 사람들과의 관계에서 어려움을 당할 때에 나와 같이 고백하고 굳건히 하나님의 사랑을 믿고 붙들어야 합니다. 그러면 하나님께서 말씀하십니다.

"사랑하는 딸아, 사랑하는 아들아, 내가 너를 이끌고 있노라. 아무것도 두려워 말고 나를 믿으라. 내가 너를 지극히 사랑하고 아끼노라. 너를 인도하고 있노라. 너와 함께하고 있노라."

어찌 생각하면 너무도 당연한 말씀이지만 내 속에서 말씀하시는 성령 하나님의 음성에 나는 더욱 마음을 굳건히 지키고 전진했습니다. 그분은 내게 구체적으로 사건과 상황과 사람에 대해서 설명하시기보다 하나님의 마음을 전해 주셨습니다.

당신이 하나님을 사랑하고 있고 하나님의 사랑을 받고 있으며 하나님과 함께 하고 있으면 그것으로 모든 문제는 이미 해결된 것입니다. 사람의 눈으로 볼 때는 아무런 변화가 없는 것 같지만 얼마 지나지 않아 당신의 인생에 놀라운 일들이 펼쳐질 것입니다. 하나님이 큰 사랑과 큰 능력으로 기적을 일으켜 주실 것입니다. 기대하십시오.

설령 당신이 구덩이에 빠지지도 않았고 아무런 문제가 없다고 합시다. 모든 사람과의 관계가 원만하다 할지라도 하나님께서 함께하지 않는다면 무슨 의미가 있을까요?

당신이 하나님을 사랑하지 않고 하나님의 사랑을 받는 자가 아니라면 그보다 더 불행한 인생은 없을 겁니다. 하지만 하나님을 사랑하는 당신에게 일어나는 모든 일들은 아름다운 인생의 여정에서 당신을 은혜 안에서 강하게 하는 하나님의 사랑 어린 손길입니다.

당신에게 임하는 저주는 없습니다. 그리스도께서 십자가에서 당신이 당해야 할 모든 저주를 대신 받으셨습니다. 사망 권세를 이기시고 모든 저주를 그 몸으로 대신 받으신 예수 그리스도를 마음속에 굳건히 모시고 믿으십시오. 이 온전한 복음이 능히 당신의 인생을 참된 행복과 성공으로 이끌 것입니다. 당신의 가정과 가문을 거뜬히 일으키게 될 것입니다.

남편과 아내, 부모와 자녀, 형제와 자매가 변화되지 않는다고 속상해 하거나 그들을 원망하지 마십시오. 그들을 탓할 시간에 당신이 복음 안에서 더욱 믿음을 굳건히 하여 변화되고 성장하십시오. 그러면 큰 산처럼 버티던 문제들이 어느 날 가루처럼 흩어져 사라지는 것을 경험하게 될 것입니다. 다른 사람을 변화시키는 삶을 살기 이전에 하나님께서는 당신 자신이 더 강해지고 성장하기를 원하십니다. "내 사랑하는 아들아 은혜 속에서 강하고."(딤후 2:1)

당신의 믿음을 굳건히 하십시오. 불평과 원망의 마음을 감사로 바꾸십시오. 슬픈 눈물을 그치고 환하게 웃으십시오. 사람에게 하소연하지 마십시오. 대신에 문제를 향해 사라지라고 예수님의 이름으로 명령하십시오.

당신을 이 세상에서 가장 사랑하시고 모든 것을 낱낱이 다 알고 계신 성령님께 다 이야기 하십시오. 대화를 나누십시오. '사람과의 대화'보다 '신과의 대화'를 선택하십시오. 최고의 선택에는 최고의 결과가 반드시 나타납니다.

당신의 가정과 가문을 향한 하나님의 뜻은 분명합니다. 당신과 당신 가정과 가문에 임할 모든 저주는 십자가에서 다 사라졌습니다. 자손 천대까지 큰 복을 베푸시는 것이 하나님의 뜻입니다. 당신 한 사람이 믿음으로 굳건히 서서 날마다 성장하고 변화된다면 당신을 통해 자손 천대까지 하나님은 복과 은혜를 넘치도록 베푸실 것입니다. 조금도 의심하지 말고 당신의 가정과 가문에 임한 복을 믿으십시오.

가족 한 명을 행복하게 하라. 그러면 이웃 천 명도 행복하게 할 수 있다

당신은 남을 위해 봉사하고 다른 사람을 변화시키기 위해 애쓰면서 가정을 돌아보지 못한 경험이 있습니까? 나는 오랫동안 그렇게 살았습니다. 항상 내 자신보다 남을 먼저 생각하고, 나의 가정보다 다른 사람의 가정을 위해 봉사했습니다.

열심을 가진 기독교인이라면 교회를 위해 봉사하고 교회 일을 하느라 그런 경험들이 한 번씩은 있을 겁니다. 이건 비단 교회 일에만 해당되는 것은 아닙니다.

내 자신과 나의 가정이 정말 소중했지만 내 자신과 나의 가정에 많은 힘을 쏟는 것은 왠지 이기적인 것 같아서 내 모든 시간과 물질의 우선순위를 교회에 두었습니다. 내가 본 많은 사람들이 대부분 너무 자기 자신과 자기 가족밖에 모르는 모습을 보며 나는 오히려 그렇게 되지 않으려고 했었습니다.

오직 자식의 성공에 인생의 모든 것을 걸고 자식을 다그치며 공부에만 목숨을 걸고 아등바등 살아가는 부모들의 모습이 정말 보기 싫었습니다. 어떻게 해서든지 남들보다 더 잘하게 하려고 무엇이든지 남과 비교하고 경쟁하며 자식에게 모든 인생을 거는 사람들을 보며 '나는 저렇게 살지 말아야지'라고 생각했습니다.

그런데 또 다른 부류가 있습니다. 고상한 대의명분을 위해 자신의 가정과 자녀를 먼저 돌보지 않고 희생시키는 것입니다. 나는 오랫동안 이런 생각을 했습니다. '교회를 위해서 죽도록 충성하고 다른 영혼들을 살리는데 우선순위를 두면 하나님께서 내 가정은 알아서 지켜 주실 거야.'

나는 오랫동안 교회를 위해 내 인생의 소중한 시간과 물질을 아낌없이 사용했습니다. 하루에 몇 시간씩 전화로 상담을 했고 정기적으로 사람들이 내 집까지 찾아 와서 상담을 받고 힘을 얻었습니다. 몇 년의 시간을 나는 힘들어 하는 사람들을 위해 내 힘과 생명 같은 시간을 다 쏟아 부었습니다.

그런데 어느 날 갑자기 목소리가 나오지 않았습니다. 단 한 마디도 할 수가 없었습니다. 당황해서 병원에 가보니 말을 너무 많이 해서 성대에 이상이 온 거라고 했습니다. 나는 한동안 목이 회복될 때까지 아무 말도 못하고 지내야 했습니다.

당신은 어떻게 살고 있습니까? 물론 다른 사람을 위한 일이 다 헛되고 필요 없는 일이라고 말하는 것은 아닙니다. 하지만 남들을 돌보느라 내 건강은 악화되고, 내 가족은 제대로 돌보지 않는 삶은 다시 조정할 필요가 있습니다. "네 이웃을 네 자신 같이 사랑하라"(마 22:39)고 하셨습니다. 내 몸을 사랑하는 것이 먼저입니다. 내 자신을 먼저 사랑하고 내 가정을 먼저 사랑해야 남도 이웃도 그와 같이 사랑할 수 있습니다. 성경에서 정한 순서입니다.

그런데 사람들은 자기 자신과 가정을 돌보지 않고 무조건 다른 사람이나 교회, 혹은 남을 위해서 희생 봉사하는 것을 더 고상하고 대단한 것으로 착각합니다. 그렇지 않습니다.

당신의 남편도 남이었습니다. 당신의 아내도 남이었습니다. 하나님의 은혜로 남과 남이 만나 하나가 되고 가정을 이룬 것입니다. 한번뿐인 인생에서 두 사람의 남이 만나서 부부가 된다는 것은 기적입니다. 가장 소중히 생각하고 사랑하며 존귀하게 여겨야 할 대상입니다. 세심하게 배려해 주고 기쁜 마음으로 섬겨야 합니다.

그런데 대부분의 사람들은 일단 결혼을 하고 나면 가정을 이루었으니까 저절로 행복한 가정이 되는 것으로 착각합니다. 이미 내 사람 내 것이 되었다고 생각합니다. 가정을 어떻게 경영하는지 어떻게 돌보고 가꾸어야 하는지에 대해서 별로 생각하지 않습니다.

가장 가까이 있는 가족의 가치를 깨닫고 소중히 여기라

당신은 매일 얼굴을 대하는 가족의 가치를 알고 있습니까? 남편과 아내 그리고 자녀, 부모님을 소중히 여기며 감사하고 있습니까? 당신에게 가족은 어떤 존재입니까?

나에게 가족은 하나님께서 주신 가장 소중한 만남이고 가장 큰 선물입니다. 어떻게 이렇게 귀하고 훌륭한 사람이 나의 남편이 되었고 어떻게 이렇게 사랑스럽고 또 사랑스러운 아이들이 나의 자녀로 태어났는지 한없이 감사한 마음뿐입니다. 그저 신기하고 감사할 따름입니다.

작가이자 시인인 화브스타인은 "남편들이 보통 친구들에게 베푸는 것과 꼭 같은 정도의 예의만을 부인에게 베푼다면 결혼 생활의 파탄은 훨씬 줄어들 것이다"라고 말했습니다. 남편뿐 아니라 가족 모두에게 해당되는 말입니다. 남에게 갖추는 예의 정도만 갖추어도 가정에서 일어나는 사소한 문제들은 쉽게 해결 할 수 있습니다.

대부분의 사람들은 늘 함께 가까이 있는 가족의 가치를 잘 모릅니다. 오히려 가족에게 무례하게 대하고 함부로 말하는 경우도 많습니다. 막상 가정을 이루고 나면 가정 안에서 누리는 모든 것들을 당연하게 여깁니다. 그래서 밖의 일, 밖의 사람들에게 에너지를 쏟고 가정에 돌아오면 일그러지고 지친 얼굴로 가족들을 대합니다. 집에 돌아오면 모든 긴장을 다 풀고 아무렇게나 말하고 화내고 짜증을 냅니다.

물론 가정은 가장 편안한 곳이고 안식처가 되어야 합니다. 하지만 가족 간에 예의와 배려 없이 아무렇게나 지내면 안 됩니다. 즐겁고 행복하게 편안한 쉼을 누리면서도 서로 존중하고 배려하는 분위기를 만들어야 합니다.

나도 예전에는 그렇게 편안하기만 한 곳이 가정이라고 생각했습니다. 편안함만 중요하게 생각했었습니다. 그러니 밖에서는 남들에게 온갖 배려와 희생을 다하고 집에서는 뻗어 버렸습니다.

남들을 위해 나의 생명 같은 시간과 돈을 아낌없이 쓰고 정작 나 자신과 가정에는 어떻게 하면 덜 쓰고 더 아낄까를 고민하며 살았습니다. 남들에게는 온갖 좋은 것을 가르치고 친절을 베풀고 가족에게는 입을 다물고 허리띠를 졸라매며 살았습니다.

가족은 하나님의 선물입니다. 소중한 만남과 인연에 대해서 지속적으로 감사의 마음을 가져야 합니다. 서로에게 익숙해져서 편안함만 중요하게 생각하면 안 됩니다. 가족은 당신이 마음대로 희생시키고 소유하는 존재가 아닙니다. 당신의 뜻대로 휘두르는 존재가 아닙니다.

세상 누구보다도 소중하고 존귀하게 여기며 감사한 마음으로 대해야 할 대상입니다. 가장 가까이에 있는 당신의 가족은 억만금을 주고도 살 수 없는 가치를 지닌 존재라는 것을 항상 기억하십시오.

아무리 고상한 목표가 있어도 가족을 등한시하면 안 된다

내가 만났던 어떤 사람은 자신의 가정을 거의 돌보지 않았습니다. 대신 다른 사람들의 인생을 변화시키는데 자신의 시간과 능력을 사용했습니다. 명분은 그럴 듯 했지만 다른 사람들을 변화시키는 그 능력과 열심을 먼저 가정에 쏟았더라면 그 가정은 깨어지지 않았을 겁니다. 결국 이혼을 했고 자녀들은 뿔뿔이 흩어졌습니다.

"누구든지 자기 친족 특히 자기 가족을 돌보지 아니하면 믿음을

배반한 자요 불신자보다 더 악한 자니라.”(딤전 5:8)

혹시 당신도 가정을 등한시한 채 더 고상하고 거룩하다고 생각하는 대단한 목표와 포부만 가지고 달려가고 있지는 않습니까?

당장 멈춰야 합니다. 당신의 남편과 아내, 당신의 자녀가 고통스러워하고 있습니다. 당신이 끼워야 할 첫 단추는 당신 자신과 가정입니다. 첫 단추를 잘 끼워야 그 다음도 순리대로 잘 됩니다.

세상에서 일어나는 일 중에 가장 큰 모순이 여기에 존재합니다. 밖으로 나다니면서 남들을 위해 좋은 일은 다하고 정작 가정은 돌보지 않고 소홀히 한다면 무슨 소용이 있습니까? 먹고 살기 바쁘다고 가족과 보내는 시간을 미루면서 일생일대의 가장 소중한 만남을 가볍게 여기면 나중에 후회하게 됩니다.

“나는 가족을 먹여 살리려고 이렇게 몸이 부서지듯 일하고 있어요. 나도 가족과 시간도 보내고 아이들에게 잘 하고 싶어요. 그런데 너무 바빠요. 몸도 피곤하고 시간이 없어요.”

혹시 당신도 이렇게 말하고 있지는 않습니까? 가만히 다시 생각해 보십시오. 많은 사람들이 반복되는 일상에 지친 모습으로 바쁘게 살아갑니다. 여유롭고 즐거운 마음으로 가족과 함께 할 시간도 없이 막연하게 언젠가는 시간이 날거라고 생각합니다.

지금 이렇게 고생하는 것을 나중에 자녀들이, 가족들이 다 알아줄 거라고 생각합니다. 하지만 모든 것을 나중으로 미루면서 다시는 오지 않을 지금의 소중한 순간들을 희생 제물로 삼으면 안 됩니다. 지금 당장 가족과 함께 소소한 행복을 누리면서 행복하게 지내야 됩니다. 이것이 가장 먼저 할 일입니다.

그런데 가족과 행복한 시간을 보내면서 당신의 꿈과 소원을 이루고 이웃도 돕는 삶이 가능하다는 것을 알고 있습니까? 먼저 하나님을 사랑하고 당신 자신과 가정을 사랑하십시오. 그러면 자연스럽게 이웃을 사랑하고 섬기는 삶도 가능해집니다. 어느 한쪽을 희생시키지 말고 모두 할 수 있는 풍성한 최고의 삶을 선택해야 합니다.

나는 지금 그렇게 살고 있습니다. 다섯 명의 아이들을 행복하게 키우면서 책을 쓰고 있습니다. 책을 써서 많은 사람들에게 복음을 전하고 행복을 전합니다. 많은 이웃을 섬기고 있습니다. 또한 미래를 생각하며 벅찬 기대감으로 남편과 아이들과 대화를 나눕니다. 내 꿈과 소원을 이루고 자기 계발도 꾸준히 하고 있습니다. 나는 감사와 기쁨에 푹 젖어 살고 있습니다. 한없이 행복합니다.

가족과 보낼 수 있는 행복한 시간을 미루지 말고 오늘 누려라

지금 한 마디라도 친절을 베풀고, 지금 잠시라도 관심을 기울이고, 지금 잠시라도 함께 산책이라도 하는 것이 좋습니다. 가족 간의 행복을 가장 나중으로 미루지 마십시오. 먼저 가족의 행복을 위한 작은 것부터 실천하십시오.

따뜻한 말 한 마디를 건네십시오. "고마워요." "수고했어요." "대단해요." 잠시의 외출이라도 즐기십시오. 세상의 모든 짐을 다 진 것처럼 인상을 찡그리지 말고 입 꼬리를 살짝 올려 환하게 웃는 얼굴로 가족을 대하십시오. 그런 하루하루가 쌓여서 당신의 가정은 행복을 누리는 가정이 될 수 있습니다. 사소한 일상에서부터 행복한 분위기와 행복한 공기를 만들어야 합니다.

사람이 한 가정을 이루는 것은 서로 간의 약속이고 책임입니다. 예전에는 자신의 가족밖에 모르는 가족 이기주의를 걱정하던 때가 있었습니다. 하지만 요즘은 너무도 수많은 가정이 깨어지고 있습니다. 잔인무도한 일들이 가정에서 일어나고 있습니다. 그래서 더욱 힘써 가정을 지키고 소중히 여겨야 합니다.

남들과의 인연은 정말 소중하게 생각합니다. 남이 무얼 하나 해주면 정말 고맙게 생각합니다. 남에게 무얼 하나 베풀면 정말 좋은 일을 했다는 생각이 듭니다. 하지만 정작 가까이 있는 가족들에게는 무덤덤합니다.

이미 가족이기 때문에 느끼는 편안함은 좋습니다. 하지만 가족이기 때문에 함부로 대하고 예의를 지키지 않고 서로 간의 호의를 당연하게 생각하는 것은 좋지 않습니다. 가족이기 때문에 남들에게는 하지 않는 말과 행동을 아무렇지도 않게 뱉어냅니다. 당신은 어떻습니까?

밖에서 봉사를 하듯이 가족에게도 마음을 쓰고 손발을 움직여 보십시오. 당신이 지금 남에게 아무리 잘해 주어도 그 사람은 가족 같은 남이지 가족은 아닙니다. 당신의 가족을 지금보다 백배나 더 소중하게 여기고 감사하십시오.

남에게 조심스럽게 예의를 갖추어 대하는 것처럼 가족을 존중해 주십시오. 친한 친구에게 잘 대해 주는 것처럼 가족에게도 조금 더 잘 해 주십시오. 의외로 쉽게 당신의 가정은 회복 될 수 있습니다. 당신의 작은 변화로 온 가족이 행복을 느끼고 고마워 할 것입니다.

당신의 남편도 아내도 원래 남이었습니다. 그런데 하나님의 인도하심으로 가족이 되었습니다. 지구상의 수많은 사람들 중에 나의 남편으로, 아내로, 부모로, 자녀로, 친척으로 만나게 된 소중한 인연은 그 어떤 기적보다 더 놀라운 기적입니다.

이 놀라운 가족이라는 만남을 감사하며 정성스럽게 가꾸어 가십시오. 조금만 더 정성스럽게 가꾸면 당신의 가정과 가문은 '행복한 억만장자 가문'이 되는 지름길에 들어서게 될 것입니다.

가정과 가문을 지키고 돌보는 것은 위대한 업적을 남기는 것이다

자신의 가족을 너무 아끼고 소중히 여기면 이기적인 사람이 되진 않을까요? 나는 주위에서 그런 사람들을 많이 보았기 때문에 상대적으로 그렇게 되지 않으려고 애를 썼습니다. 전혀 그럴 필요가 없는 잘못된 생각과 행동이었습니다.

내 몸을 사랑하는 사람이 내 몸같이 이웃도 사랑할 수 있듯이 자신의 가족을 귀하게 여기고 감사하는 사람이 그만큼 다른 사람의 가정도 존중하고 귀하게 여길 수 있습니다. 하나님의 사랑으로 자신과 가족을 사랑하고 행복하게 사는 사람은 이웃에게 참된 행복을 전할 수 있습니다. 가장 가까이에 있는 가족 한 사람을 진정으로 행복하게 해 줄 수 있는 사람이 이웃 천 명, 만 명, 더 나아가

온 세계를 품고 행복하게 해 줄 수 있습니다. 이것이 성경에서 말하는 원리이고 순서입니다.

나는 하나님을 경외하는 남편과 사랑스러운 다섯 명의 자녀와 함께 살고 있습니다. 나는 이들을 하나님께서 허락하신 인생의 가장 큰 선물이자 가장 소중한 만남으로 여기고 항상 감사한 마음을 갖고 있습니다.

그래서 남편과 다섯 명의 아이들을 더 행복하게 해 주려고 작은 것부터 실천합니다. 환한 미소와 칭찬하는 말 한마디에도 나의 온 가족은 행복해 합니다. 당신도 나처럼 해보십시오. 한 번의 이벤트가 아니라 꾸준히 실천하십시오. 가정의 공기와 분위기가 확 바뀔 것입니다.

남들에게 보이고 과시하기 위한 업적을 쌓는 것보다 더 위대한 사역은 당신의 가족을 먼저 돌보는 것입니다. 제발 당신의 가족이 모두가 부러워하는 거룩하고 부요하고 행복한 모델이 되기를 바랍니다.

당신의 가족이 가장 먼저 섬기고 사랑해야 할 이웃이라는 것을 꼭 명심하고 기억하십시오. 지구촌 반대편에 있는 먼 나라 사람들을 섬기기 전에 당신의 가족을 먼저 그리스도의 사랑으로 섬기고 돌보십시오. 천하보다 귀한 한 영혼이 바로 당신 곁에 가족이라는 이름으로 함께하고 있습니다.

칭찬과 축복의 말로 자녀를 크게 성공시켜라

당신은 오늘 하루를 지내면서 어떤 말을 가장 많이 했습니까?

말은 인간이 가진 특권이며 놀라운 도구입니다. 당신은 이 도구를 어떻게 사용하고 있습니까?

말은 엄청난 위력이 있어서 죽이는 독이 되기도 하고 살리는 약이 되기도 합니다. "죽고 사는 것이 혀의 힘에 달렸나니 혀를 쓰기 좋아하는 자는 혀의 열매를 먹으리라."(잠 18:21)

오늘 하루를 살면서 당신의 입에서 나간 말들은 무엇입니까? 혹시 다른 사람을 비난하고 험담하거나 자신의 환경과 상황에 대한 부정적인 말들을 습관적으로 늘어놓지는 않았습니까?

나는 9개월 된 쌍둥이 아들을 키우고 있습니다. 위로는 세 명의 자녀가 있습니다. 나는 아이들과 지내면서 아무리 바쁘고 힘든 순간이 있어도 절대로 부정적인 말을 하지 않습니다. 훈계하고 양육하고 가르칠 때에도 항상 아이들을 향해 축복하고 칭찬하는 말을 함께 합니다. 아이들을 혼내야 하는 상황에서 절대로 감정적으로 격앙되어서 막말을 내뱉지 않습니다. 늘 아이들을 하나님의 사랑으로 격려하고 가르치며 용기를 북돋워 줍니다.

나의 마인드가 그렇게 때문에 자동으로 아이들을 향해서 그런 말이 나갑니다, 당신도 마인드를 바꾸십시오. 당신의 입에서 나가는 말을 단속하십시오. 축복 마인드, 칭찬 마인드로 바꾸십시오. 당신의 가정이 살아나고 당신의 자녀가 행복에 겨워할 것입니다. 짜증과 불평을 내뱉던 가족들이 당신의 칭찬과 웃음에 춤을 추듯 즐거워하는 날이 반드시 올 것입니다. 나는 지금 춤을 추듯 기쁨에 넘치는 삶을 살고 있습니다.

말 한 마디로 우리의 인생을 바꿀 수 있다

아이들의 인생은 칭찬과 축복의 말 한 마디로 놀랍게 변화될 수 있습니다. 당신의 자녀가 진정으로 행복한 성공자가 되기 원한다면 문제점을 지적하기 전에 좋은 점을 칭찬해야 합니다. 항상 마음껏 격려하고 그 존재만으로도 감사하다는 표현을 해 주십시오.

프랑스의 종교 철학자인 파스칼(Blaise Pascal, 1623–1662)은 "냉랭한 말은 사람들을 얼어붙게 하고 뜨거운 말은 그들을 그을리게 한다. 쓰라린 말은 상대방을 더 쓰라리게 하고 분노에 찬 말은 상대방을 분노로 채운다. 친절한 말은 사람들의 영혼에 아름다운 형상을 새긴다. 사람들의 마음을 매끄럽게 하고 고요하게 하며 위로한다”고 했습니다.

당신의 자녀에게 칭찬의 말을 하면 그들의 마음에 칭찬의 씨앗이 뿌려져서 자라나게 됩니다. 축복의 말을 하면 축복이 자녀의 인생에 그대로 임합니다. 당신이 칭찬하고 격려하고 축복한 좋은 말들이 자녀들의 인생을 이끌고 갑니다. 칭찬과 격려와 축복의 말은 당신의 자녀와 가정과 가문이 행복한 억만장자의 길로 진입해서 달려가게 해줍니다.

이제부터 당신의 마인드와 말을 모두 바꿔야 합니다. 문제점을 지적하면서 상대방을 고치는 것은 한계가 있습니다. 말하는 자나 듣는 자가 수용해서 받아들이는데 고통이 있습니다. 물론 이것도 어느 정도 필요합니다. 하지만 계속해서 상대방의 단점을 지적하는 말과 행동은 근본적으로 사람을 변화시키기 어렵습니다. 부작용이 더 많이 생겨나게 됩니다.

단 1퍼센트라도 상대방에게서 발견한 좋은 점과 장점을 발견해서 칭찬해 주십시오. 아부가 아닙니다. 속으로는 다른 생각을 하면서 입에 발린 말을 하라는 것이 아닙니다. 진심으로 상대방을 아끼고 존중하는 태도로 말해 주십시오. 그러면 그 1퍼센트가 100퍼센트로 확대됩니다. 당신이 말한 칭찬과 격려와 축복이 상대방의 단점과 약점을 다 덮어 버립니다.

실제로 인생을 포기하고 절망에서 빠져나오지 못했던 많은 사람들이 상대방이 건넨 칭찬과 격려의 말, 감사와 사랑의 말 한 마디에 포기했던 삶을 되찾고 기적 같은 새 출발을 했습니다. 말 한 마디의 위력으로 새로운 인생길로 진입하게 되었습니다.

나도 그랬습니다. 어느 누구에게도 말할 수 없었던 아픔을 겪고 억울한 일을 당하고 힘이 들 때 나에게 가장 위로가 되고 힘이 되었던 말 한 마디가 있습니다. 바로 내 안에 계신 성령님께서 하신 말씀입니다. "사랑하는 딸아 내가 다 안다. 내가 다 알고 있다."

내가 원치 않는 일들이 생겨 오해와 비난을 받을 때 성령님의 그 한 마디는 나를 꼭 붙들어 주었습니다. 내가 한계에 부딪혀 절망하고 있을 때 남편의 진심 어린 한 마디가 나를 일으켜 주었습니다.

"이 세상에 당신 같은 사람은 없어. 정말 특별한 사람이야."

얼핏 듣기에 황당한 칭찬과 축복의 말도 그대로 현실이 된다

당신은 황당한 칭찬을 들어본 적이 있습니까? 황당한 칭찬을 해본 적이 있습니까?

나는 얼마 전 텔레비전 드라마를 보다가 둘째 딸아이 예성이에게 말했습니다. "와, 저 배우 정말 잘 생겼다." 예성이는 내 말을 듣고 단 1초도 망설이지 않고 곧바로 대답했습니다. "그런데 엄마, 내가 보기에는 아빠가 더 잘 생겼어요."

나는 그 말을 듣고 큰 소리로 웃으며 말했습니다. "아하하하하하, 예성아 정말이야? 역시 우리 예성이야." 예성이는 진지한 얼굴로 다시 대답했습니다. "네 엄마, 나는 저 사람이 그렇게 잘 생겼는지 잘 모르겠어요. 아빠가 제일 잘 생겼어요."

나는 처음에는 예성이가 그냥 아빠 기분 좋으라고 그렇게 말하는 거라고 생각했습니다. 그런데 시종일관 며칠이 지나도, 몇 달이 지나도 똑같이 말하는 것이었습니다.

"진짜 아빠가 제일 잘 생겼어요."

그런데 신기하게도 정말 나의 남편이 점점 더 잘생겨지고 있습니다. 예성이의 말을 들은 이후로 더 날씬해지고 멋있어지고 있습니다. 며칠 전 나의 여동생도 남편을 보고 말했습니다. "형부, 왜 이렇게 멋있어 지셨어요?"

처음에는 황당하다고 생각했지만 너무나 진지하게 지속적으로 하는 딸아이의 말이 실제로 살아서 역사하고 있는 것입니다. 사람이 얼핏 생각하기에 황당한 것 같지만 진심을 담은 믿음의 말은 그대로 역사하는 힘이 있습니다.

나는 지금 당신에게 말합니다. "당신의 가정과 가문은 믿음의 명문가문입니다. 당신과 당신의 가정은 모두가 부러워하는 행복이 넘치는 가정이 되었습니다. 행복한 억만장자 가문이 되었습니다."

당신도 이 말이 잘 믿어지지 않고 황당하게 들릴 수 있습니다. 그래도 내가 믿고 말한 대로 그리고 당신이 믿고 말한 대로 하나님께서 응답하실 것입니다.

불평과 걱정과 저주와 염려의 모든 말을 이제 다 버리십시오. 대신 차라리 황당한 것 같아도 축복의 말, 꿈의 말, 칭찬의 말로 당신의 인생을 가득 채우십시오. 생각지 못한 어느 날 갑자기 당신과 당신의 가정에 현실로 나타나 있을 겁니다.

"당신은 천재입니다."

"당신은 억만장자입니다."

"당신은 완벽하게 건강합니다."

"당신은 세계적인 지도자입니다."

"당신은 최고의 미남, 미인입니다."

"당신의 모든 꿈은 현실이 됩니다."

"당신이 가진 모든 문제는 다 해결됩니다."

"당신은 하나님의 특별한 사랑을 받고 있습니다."

하나님께서 당신의 이 축복의 말에 대답하십니다.

"네 믿은 대로 될 찌어다."(마 8:13) "너희 말이 내 귀에 들린 대로 내가 너희에게 행하리니"(민 14:28)라고 했습니다.

당신과 당신의 가정을 진심으로 축복합니다.

사람의 위로보다 하나님이 주는 완벽한 위로를 받으라

당신은 누구에게 위로를 받고 힘을 얻습니까? 사람의 위로 한 마디를 기대하면서 주위를 기웃거리고 있지는 않습니까? 여기저기 전화를 걸면서 휴대폰을 만지작거리고 있지 않습니까?

나는 그 어떤 일에도 사람의 위로를 받으려고 기웃거리지 않습니다. 어렵고 힘든 일이 있을 때나 위로의 말 한 마디가 필요한 순간에 먼저 잠잠히 하나님의 얼굴을 바라봅니다. 조용히 하나님의 음성에 귀를 기울입니다. 이것은 내가 일평생 지켜 온 한결같은 습관입니다.

단 한 번도 하나님은 나를 실망시키신 적이 없습니다. 하나님의 음성은 그 어떤 순간에도 나를 거뜬히 일으켜 주었습니다. 그 어떤 상황에서도 나와 가정을 지켜 주었습니다. 말씀이 나를 살게 했습니다. 말씀이 나를 지켜 주었습니다. 말씀이 나를 위로했습니다. 당신도 하나님의 말씀으로 완벽한 위로를 받으십시오.

하나님은 당신의 모든 것을 알고 계시고 완벽하게 위로해 주시고 완전하게 사랑해 주십니다. 당신은 혼자가 아닙니다. 하나님은 나와 당신의 모든 것을 다 알고 계십니다.

"다 알고 있다"는 말은 사람이 함부로 할 수 있는 말이 아닙니다. 전지(全知)한 신, 절대자 하나님만 하실 수 있는 말입니다. 당신도 기억하십시오. 사람과의 관계에서 당신을 다 알아줄 사람은 없습니다. 모든 것은 부분적입니다. 당신을 완벽하게 다 알고 계신 분이 딱 한 분 있습니다. 바로 당신을 만드신 창조주 하나님입니다. 하나님을 의지하십시오. 그분께 모든 인생의 문제를 맡기십시오.

"너희는 인생을 의지하지 말라. 그의 호흡이 코에 있나니."(사 2:22) "내가 하나님을 의지하고 그 말씀을 찬송하올지라. 내가 하나님을 의지하였은즉 두려워하지 아니하리니 혈육을 가진 사람이 내게 어찌하리이까?"(시 56:4)

오직 그분의 사랑을 확신하고 믿으십시오. 하나님의 사랑을 믿고 확신하면 정말 행복합니다. 믿으면 더 뜨거운 사랑을 받고 있음을 느끼게 됩니다. 사랑은 느껴져서 믿는 것이 아닙니다. 믿으면 느껴집니다. 믿으면 더 확신하게 됩니다.

육신의 감각을 의지하지 말고 믿음을 사용하십시오. 하나님의 사랑과 위로에 믿음의 문을 활짝 열어 놓으면 당신과 당신의 가정에 커다란 행복이 물밀 듯이 밀려옵니다. 어떤 사람도 어떤 환경도 어떤 문제도 당신의 행복과 형통을 막지 못할 것입니다. "그는 시냇가에 심은 나무가 철을 따라 열매를 맺으며 그 잎사귀가 마르지 아니함 같으니 그가 하는 모든 일이 다 형통하리로다."(시 1:3)

당신에게 어려움이 생겼을 때 사람에게 모든 이해를 받으려고 하지 마십시오. 사람에게 영원한 위로를 받으려고 하지 마십시오. 완전한 이해, 영원한 위로는 오직 하나님께로부터 나옵니다.

"찬송하리로다. 그는 우리 주 예수 그리스도의 하나님이시요 자비의 아버지시요 모든 위로의 하나님이시며……"(고후 1:3)

"다 이루었다"는 최고의 예언을 믿고 말하라

나는 사람들을 위로하는 것에 탁월한 은사가 있습니다. 말로 사람들을 세워 주고 상대방의 아픔을 공감하고 이해하는데 하나님께서 특별하게 주신 은사가 있습니다. 나의 말 한 마디에 절망 속에 빠졌던 많은 사람들이 새 힘을 얻고 새로운 인생을 출발했습니다.

뿐만 아니라 상대방의 마음을 꿰뚫어 봅니다. 그리고 상대방의 상태와 마음이 쉽게 느껴집니다. 하지만 다 알거나 완전하게 아는 것은 아닙니다. 하나님이 내게 보여주신 분량만큼 아는 것입니다.

함께 연결된 몸을 세우기 위해 하나님이 필요할 때 열어 주시는 것입니다. 상대방을 꾸짖고 책망하기 위한 것이 근본적인 목적이 아닙니다. 세워 주는 것입니다. 살려주는 것입니다. 하나님의 마음을 전달해 주는 것뿐입니다.

나는 근본적으로 상대방의 미래와 마음을 꿰뚫어 보는 일에 관심이 없습니다. 온전한 복음을 깨닫고 나면 부분적인 예언은 다 뒤로 물러섭니다. 그리스도께서 직접 말씀하신 "다 이루었다"(요 19:30)는 완전한 예언이 있기 때문입니다.

당신이 원하는 모든 좋은 것들이 다 이루어졌습니다. 당신은 이 사실이 믿어지십니까? 나도 예전에는 믿지 못했습니다. 내 눈 앞에 보이는 것은 꼬이기만 하는 내 인생, 어려운 상황과 환경들, 원하는 것을 마음껏 할 수 없는 내 형편이었습니다. 그리고 속으로 생각했습니다. '그럼 그렇지, 내가 뭐 잘될 일이 있나?'

당신도 혹시 예전의 나처럼 말하고 있습니까? 이제 최고의 예언을 믿고 받아들이십시오. 이 예언은 당신과 당신의 가정에 혁명을 일으킵니다. 당신도 이제 "다 이루었다(요 19:30)"는 최고의 예언을 믿고 말하십시오.

우주의 주인이신 하나님의 가족답게 행동하고 말하라

예수 그리스도를 믿지 않는 사람들 중에도 자신의 내면의 힘을 믿고 행복한 삶을 사는 사람들이 있습니다. 억만장자로 사는 사람들이 있습니다. 건강하게 사는 사람들이 있습니다. 그들은 자신의 잠재력을 믿습니다. 자신을 향하고 있는 무한한 우주의 에너지를 믿고 확신합니다. 모든 것이 잘 되고 있다고 말합니다.

그런데 오히려 기독교인들은 수많은 죄책감에 시달리고 있습니다. 수많은 의무 조항들을 무겁게 짊어지고 허덕입니다. 자신이 죄인이고 연약하다고 날마다 고백하고 울부짖습니다. 늘 하나님께도 죄송하고 사람에게도 미안해합니다. 그리고 그런 모습이 겸손하다고 착각합니다. 겸손과 자기 비하를 구분해야 합니다. 자신의 가치를 인정하지 않고 평가 절하하는 것은 겸손이 아닙니다. 자신을 비하하고 인정하지 않는 말도 하나님이 기뻐하지 않으십니다.

당신 안에 우주에서 가장 위대한 예수 그리스도가 살아 계십니다. 당신은 하나님이 설계하고 심혈을 기울여 만든 '신의 예술 작품'입니다. 신의 가족이며 자녀입니다. 당신의 신분과 위치를 기억하십시오. 당신은 정말 대단한 존재입니다. 이 사실을 반드시 깨닫고 믿어야 합니다.

다시 말합니다. 하루를 살면서 당신은 수많은 말을 할 수 있습니다. 부정적인 말을 하지 마십시오. 대신 당신도 살고 상대방도 살리는 긍정적인 말을 하십시오. 거창한 말이 아니어도 좋습니다. 믿음의 말을 하십시오. 자신에게도 칭찬과 위로의 말을 하십시오.

"나는 천재야. 나는 건강해. 나는 억만장자야. 나는 정말 잘하고 있어. 나는 특별한 사람이야. 하나님이 나를 특별히 사랑하셔."

이 작은 실천이 당신과 당신의 가정에 큰 행복과 성공을 가져다줄 것입니다.

위대한 인물을 사귀면 위대한 가문이 된다

당신은 어떤 인맥을 가지고 있습니까? 부와 권력과 명예를 다 가진 사람을 알고 있습니까? 유명한 연예인과 친분을 가지고 있습니까? 청와대의 관계자와 잘 아는 사이입니까? 당신에게 힘을 주는 인맥은 어떤 것입니까?

나는 어렸을 때 친구들에게 이런 이야기를 종종 했습니다.

"우리 아빠는 연세대 국문과 출신이야."

"우리 외할아버지는 일본에 계셔."

"우리 외숙모는 박사야, 대학 교수야."

어린 나의 마음에 자랑거리였습니다. 좋은 대학을 다녔던 아빠, 박사 학위를 받고 교수를 하는 친척, 한국보다 잘 사는 나라에 계셨던 할아버지…: 그런데 혹시 당신은 성인이 되어서도 "내가 누구누구를 잘 알아"라고 말하면서 자랑하고 있지는 않습니까? 실제로 그 사람들이 당신이 인생에 직접적인 도움을 주지 않아도 당신보다 똑똑하고 유명하고 힘 있는 사람들을 알고 있다는 사실만으로 왠지 어깨에 힘이 들어가지는 않습니까?

내가 동네에서 만나는 어르신들은 인사를 나누고 어느 정도 얼굴을 익히고 나면 묻지도 않았는데 자녀에 대해서 이야기 하십니다. "우리 아들이 의사야." "우리 며느리가 검사야."

부모에게는 이야기하고 싶은 자랑거리입니다. 자식이지만 힘이 되는 인맥인 것입니다. 그 어르신들은 남들에게 그저 자랑 한 마디 할 수 있는 즐거운 인맥입니다.

나는 아무에게서도 상처 받지 않는다. 감사할 뿐이다

지금 당신이 생각만 해도 든든한 관계를 떠올려 보십시오. 사랑과 믿음으로 키워 주신 부모님, 사랑스러운 자녀들, 어려운 상황에서도 서로 믿고 도와주는 친척들, 믿음의 동역자와 친구들 그 누구든 좋습니다.

그런데 혹시 당신은 아무런 사람도 떠올릴 수 없어 괴로워하고 있지는 않습니까? 부모님을 생각하면 마음이 아프고, 자녀들을 생각하면 걱정이 앞서고, 친척들을 생각하면 냉랭하고, 교회를 생각하면 분노와 상처가 떠오르고, 친구들을 생각하면 얄밉고…:

지금까지 당신이 맺어 온 인간관계가 실패처럼 느껴지고 세상에 당신 혼자만 남은 것 같은 외로움을 느끼고 있습니까? 나도 예전에 그런 적이 많았습니다. 도대체 어디서부터 풀어 나가야 할지 막막하고 앞이 보이지 않을 때가 많았습니다.

그런데 지금은 인간관계로 인한 괴로움과 고독과 외로움을 느끼지 않습니다. 다 사라졌습니다. 지금 돌아보면 나에게 다 고맙고 필요한 사람들이었습니다. 한 때 느꼈던 억울함도, 오해도, 분노도, 이해할 수 없음도, 상처도 모두 '감사와 깨달음'라는 마음의 상자 안에 넣었습니다. 그러니 다 귀한 깨달음을 준 고마운 사람들이고 필요한 일들이었음을 인정하게 되었습니다.

복잡한 인맥이 아닌 딱 한 분과의 관계가 인생을 성공으로 이끈다

나에게는 그 어떤 순간에도 함께하는 내 편이 있습니다. 나는 이 관계로 인해 살아가는 모든 힘을 얻습니다. 내가 기쁨과 감사를 그 어떤 순간에도 빼앗기지 않는 비결입니다. 생각할 때마다 자신감을 더 얻고 힘이 솟아납니다. 기쁨이 터져 나오고 한없이 행복해집니다.

그분은 나를 직접 창조하시고 나를 위해 모든 좋은 것을 다 주시는 '하나님 아버지'입니다. 내안에 살아 계신 그리스도의 영이신 성령님입니다.

당신이 이 땅에서 사는 동안, 숨을 거두는 그날까지 영원히 자랑해야 할 관계가 있습니다. 생각할 때마다 든든함을 느끼고 터져 나오는 행복을 느껴야 하는 관계가 있습니다. 절대로 배신도 없습니다. 버림받고 오해받을까 봐 두려워하지 않아도 되는 관계입니다.

지금 나에게 가장 큰 자랑거리는 영원토록 흔들리지 않는 관계를 가진 것입니다. 어떤 누구와의 인맥이 아닙니다. 신맥(神脈)입니다. 가장 중대한 것은 혈연, 지연, 학연으로 이루어진 인맥보다 신맥입니다. 인맥이 무엇입니까? 같은 계통이나 계열로 엮어진 사람들의 유대 관계를 말합니다.

그렇다면 신맥이란 무엇일까요? 인맥이 학연, 지연, 혈연으로 맺어진 사람들과의 관계라면 신맥은 예수 그리스도의 피로 맺어진 하나님과의 혈연관계라고 할 수 있습니다.

"이는 혈통으로나 육정으로나 사람의 뜻으로 나지 아니하고 오직 하나님께로부터 난 자들이니라."(요 1:13)

"너희는 다시 무서워하는 종의 영을 받지 아니하고 양자의 영을 받았으므로 우리가 아빠 아버지라고 부르짖느니라."(롬 8:15)

현대인의 성경을 보면 더 이해하기 쉽게 적혀 있습니다.

"당신은 다시 두려워해야 할 종의 영을 받은 것이 아니라 하나님의 아들이 되게 하는 성령을 받았습니다. 그래서 우리는 성령님을 통해 하나님을 '나의 아버지' 라고 부릅니다."

당신의 부모님이나 친척 혹은 자녀가 위대한 인물이라고 한다면 얼마나 큰 힘이 될까요? 당신의 가까운 지인이 절대 권력과 거대한 부와 훌륭한 인품을 가진 사람이라면 정말 든든하지 않겠습니까? 하물며 창조주이신 하나님과의 관계가 사랑과 믿음으로 굳건하게 맺어져 있다면 얼마나 위대한 인생을 살 수 있겠습니까? 이 세상의 가장 위대한 어떤 사람보다도 하나님 한 분과의 관계가 가장 중요합니다.

예수 그리스도께서 십자가에서 물과 피를 다 쏟으시고 당신 대신 죽으셨습니다. 십자가에서 모든 저주를 대신 받으시고 죽으신 예수 그리스도께서는 사망 권세를 이기시고 부활하셨습니다. 이 복된 소식을 믿는 자들 안에 그리스도의 영이신 성령님께서 거하십니다.

하나님과 가족이 되어야 합니다. 하나님은 당신의 아버지가 되십니다. "영접하는 자 곧 그 이름을 믿는 자들에게는 하나님의 자녀가 되는 권세를 주셨으니."(요 1:12)

한번뿐인 인생을 가장 높으신 하나님의 자녀로 살아야 합니다. 우주에서 가장 높으신 분을 당신의 마음에 모시고 왕의 자녀로서 행복하게 살아야 합니다. 왕과 여왕으로 당당하게 살아야 합니다. 진정한 왕족으로 살아야 합니다. 하나님의 자녀가 되면 보혜사 성령께서 당신의 마음속에 영원토록 함께하시며 영원한 보호자가 되어 주십니다.

신맥을 가진 사람은 어떤 인생을 살게 될까요? 어떤 가정과 가문으로 거듭나게 될까요? 세상에서 가장 영광스러운 가정과 가문으로 거듭나게 됩니다. 천대까지 복을 받습니다. 그 내용을 더 자세히 살펴볼까요?

첫째, 하나님의 자녀가 되는 권세를 주십니다. 왕의 자녀입니다. 진정한 왕족(royal family)입니다. 신의 가문의 일원이 되는 것입니다.

둘째, 모든 복을 받아 누리게 됩니다. 의성건부지평생의 찬란한 복을 다 받아 누리게 됩니다. 하나님의 의, 하나님의 성령 충만, 하나님의 건강, 하나님의 부요, 하나님의 지혜, 하나님의 평강, 하나님의 영원한 생명을 받아 누리게 됩니다. 정말 놀라운 복입니다. 수천 조원의 돈으로 살 수 없고 오직 믿음으로 받을 수 있는 복중의 복입니다.

셋째, 모든 저주에서 벗어나게 됩니다. 죄와 목마름, 질병과 가난, 어리석음과 징계, 죽음에서 벗어나게 됩니다. 온갖 저주에서 다 해방되어 큰 행복과 큰 자유를 누리는 가정과 가문으로 거듭나게 됩니다.

세계적인 명문가에서는 자녀들에게 좋은 인맥을 형성해 주기 위해서 어렸을 때부터 좋은 학교를 보내고 명문 대학을 보내려고 노력합니다.

지금 당신도 선택하십시오. 당신의 자녀를 위해서 무엇보다 신맥을 알려주어야 합니다. 세상에서 가장 든든하고 배신이 없는 최고의 안전한 관계입니다. 당신이 자녀에게 줄 수 있는 가장 큰 선물입니다. 꼭 기억하십시오. 복잡하고 거대한 인맥보다 딱 한 분 하나님과의 올바른 관계가 당신의 가정과 가문을 다 살려낸다는 것을……:

당신의 생각이 가정과 가문의 운명을 좌우한다

당신은 가정을 지키기 위해서 무엇을 하고 있습니까?

열심히 돈을 벌고 있습니까? 자녀를 열심히 교육시키고 있습니까? 도둑이 들까 봐 문단속을 잘하고 있습니까? 다 필요한 일입니다. 하지만 가장 먼저 해야 할 중요한 일이 있습니다. 당신의 마음과 생각을 지키는 것입니다.

성경에 보면 "무릇 지킬 만한 것보다 네 마음을 지키라 생명의 근원이 이에서 남이니라"(잠 3:23)고 말씀하고 있습니다. "대저 그 마음의 생각이 어떠하면 그 위인도 그러한즉"(잠 23:7a)이라고 했습니다. 이 말씀은 개개인에게 적용될 뿐만 아니라 가정과 교회, 사회에도 적용되는 말씀입니다.

나는 항상 마음과 생각을 지키는 일을 우선순위에 두고 살아왔습니다. 그래서 외부에서 오는 그 어떤 어려움에도 나 자신과 가정을 지킬 수 있었습니다.

문제의 해결 방법은 외부에 있는 것이 아니라 내면에 있다

가장 큰 문제는 자기 자신의 내면에 있습니다. 눈에 보이는 사람과 사건과 환경은 얼마든지 극복할 수 있습니다. 당신의 마음과 생각으로 당신 주변에 일어나는 원치 않는 상황과 사람을 다스릴 수 있습니다. 하지만 마음과 생각이 무너지면 당장 눈에 보이는 현상들에만 끌려 다니는 인생을 살게 됩니다. 환경과 사람의 노예가 됩니다.

"사람의 심령은 그의 병을 능히 이기려니와 심령이 상하면 그것을 누가 일으키겠느냐."(잠 18:14) 현대인의 성경을 보면 더 이해가 쉽습니다. "사람이 병들면 정신력으로 지탱할 수 있으나 그 정신력마저 잃으면 아무 희망이 없어진다."

당신의 가정을 위협하는 수많은 간사한 사람들, 질병, 가난, 가족의 불화 등 온갖 안 좋은 것들을 당연한 운명으로 받아들이지 마십시오. 무엇보다 당신의 마음과 생각을 지키십시오. 그러면 보이는 상황은 언제든지 원하는 대로 바꿀 수 있습니다.

사람들은 의외로 자신이 처한 현재의 상황이 변할 것이라는 큰 기대를 하지 않습니다. 자기 자신과 가족에 대해서 큰 기대를 하지 않습니다. 마음과 생각을 그냥 방치합니다. 부정적인 방향으로 마음과 생각 흘러가도 심각하게 생각하지 않습니다.

"내가 뭘 할 수 있겠어요."

"내 남편은 절대로 변하지 않아요."

"우리 부모님은 정말 나를 이해하지 못해요."

"내 아이를 내가 잘 아는데 그 애는 정말 골치 덩어리예요."

"그냥 이대로만 살아도 좋겠어요."

"뭐 내가 꿈을 가진다고 상황이 크게 바뀌겠어요?"

"아무나 억만장자가 되나요. 빚이나 갚았으면 좋겠어요."

최악의 시나리오, 부정적인 결과에 대한 믿음이 강합니다. 자신이 가족과 오랫동안 함께 살면서 경험한 것들이 발목을 붙잡습니다. 더 이상의 좋은 결과를 상상조차 할 수 없게 만듭니다. 그래서 이미 마음과 생각은 사람이든, 환경이든 "안 될 것이다"라는 믿음에 고정되어 있습니다.

간절히 열망하고 진정으로 원하고 믿어야 당신이 원하는 것들을 얻을 수 있습니다. 그래야 가족의 문제도 해결하고 원치 않는 상황도 변하지 않겠습니까? 그런데 당신이 상상조차 하지 않고 기대하지도 않고 믿지도 않는 일들이 어떻게 일어날 수 있을까요?

모든 기적이 일어나는 장소는 당신의 마음이다

당신의 마음과 생각을 적극적으로 지켜야 합니다. 당신의 생각과 마음은 기적이 시작되는 가장 중요한 장소입니다. 당신의 꿈꾸고 진정으로 원하는 가정의 모습이 비록 눈에 보이는 현실에서는 아직 보이지 않아도 괜찮습니다.

하지만 당신의 마음과 생각으로는 원하는 것이 이루어진 모습을 볼 수 있어야 합니다. 이것이 중요합니다. 현실에 발목이 잡히고 온 감각이 빼앗겨서 당신의 마음과 생각이 눈에 보이는 것들에 조종당하면 안 됩니다.

보이는 현실을 가장 빠르게 바꾸는 방법은 보이지 않는 마음과 생각부터 바꾸는 것입니다. 당신이 간절히 원하는 모든 것들을 이미 받았다고 믿고 상상하십시오. 손가락을 사용해서 원하는 모습을 적으십시오. 입을 사용해서 이미 다 이루었다고 말하십시오. 입꼬리를 올리고 이미 다 얻은 사람처럼 여유 있게 미소를 지으십시오. 그리고 평온하고 당당하게 어깨를 펴고 허리를 펴십시오.

보이지 않는 것이 보이는 것을 좌우합니다. "믿음은 바라는 것들의 실상이요 보지 못하는 것들의 증거니."(히 11:1) 믿음은 우리가 바라는 것들에 대한 실물이며 보이지 않는 것들에 대한 증거라는 말입니다.

당신의 마음과 생각에서 믿은 것들은 결국 다 얻게 됩니다. 그러므로 안 좋은 일들이 생길 까 봐 두려워하거나 걱정하면 안 됩니다. 그럴 시간에 온갖 좋은 것을 믿고 상상하십시오.

당신이 그토록 원하는 가정의 화목한 모습, 건강한 모습, 경제적인 여유를 가진 모습, 멋진 곳을 여행해서 쉬는 모습, 근사한 곳에서 함께 웃으며 식사하는 모습 등 그것이 무엇이든 좋습니다. 원하지 않는 것들을 생각하지 말고 원하는 것들만 생각하고 상상하십시오. 그리고 그 때의 감정을 느끼며 미소를 지으십시오. 환하게 미소 지으며 소리 내어 고백하십시오.

"우리 가운데서 역사하시는 능력대로 우리가 구하거나 생각하는 모든 것에 더 넘치도록 능히 하실 이에게."(엡 3:20)

당신의 가정이 이미 구원 받은 것을 믿어야 합니다.

당신의 가족이 이미 건강하다고 믿어야 합니다.

당신의 가족이 이미 하나님의 사랑을 받았다고 믿어야 합니다.

당신의 가족이 이미 화목하게 하나가 된 것을 믿어야 합니다.

당신의 가문이 이미 천대까지 복을 받은 것을 믿어야 합니다.

당신의 가문이 이미 행복한 억만장자가 된 것을 믿어야 합니다. 이미 그렇게 된 것처럼 느끼고 말하고 행동하십시오. 그것이 시간과 공간을 초월해서 이미 되었다고 믿는 하나님의 믿음입니다.

현재의 상황과 현실을 믿지 마십시오. 원치 않는 현실과 원치 않는 사람들의 모습에 그대로 휘둘려서 괴로워 마십시오. 걱정과 불안에 떨며 두려움으로 세월을 낭비하지 마십시오. 대신 적극적으로 당신이 진정으로 원하는 모습만 생각하고 마음으로 믿으십시오. "네 믿은 대로 될 지어다."(요 19:30) 당신의 마음과 생각에서 믿은 것들이 그대로 현실로 다 나타나게 됩니다.

원치 않는 사람, 원치 않는 환경을 바라보며 감정과 감각을 예민하게 사용하지 마십시오. 당신이 진정으로 원하는 것을 생각하고 말하는데 감각을 집중하십시오. 진정으로 당신이 원하는 것들을 마음의 방에 황홀하게 채워 넣으십시오. 원치 않는 잡다한 현상에서 신경을 끄고 당신이 진정으로 원하는 모든 것에 집중하십시오.

원하는 것은 '꿈과 소원'이라고 할 수 있습니다. "너희 안에서 행하시는 이는 하나님이시니 자기의 기쁘신 뜻을 위하여 너희에게 소원을 두고 행하게 하시나니."(빌 2:13)

당신의 마음에 꿈과 소원을 일으키시는 분은 하나님이십니다. 제발 원치 않는 현상을 말하지 말고 원하는 것을 이미 얻었다고 믿고 말하십시오. 잘 안된다고 하지 말고 힘써 연습하십시오.

당신의 마음과 생각을 지키면 가정과 가문도 원하는 모습으로 다시 태어날 수 있습니다. 무엇보다 보이지 않는 마음과 생각을 잘 관리하고 지키십시오. 머지않아 당신이 품고 있던 아름다운 생각과 꿈들이 현실로 전부 나타나게 될 것입니다.

나는 끝까지 인내해서 마침내 원하는 것을 다 얻었다

당신은 인내를 잘 하십니까? 당신은 인내가 무엇이라고 생각하고 있습니까? 인내를 고통스럽고 힘든 일이라고 생각합니까?

미국 건국의 아버지 중 한 명인 벤자민 프랭클린(Benjamin Franklin, 1706-1790)은 "인내할 수 있는 사람은 그가 바라는 것은 무엇이든지 손에 넣을 수가 있다"고 말했습니다.

나는 실제로 인내를 통해서 내가 원하는 것들을 다 얻었습니다. 지금도 계속 인내의 즐거움을 누리고 있습니다. 나에게 인내는 고통이 아니라 설렘이고 확신과 희망에 찬 기다림입니다.

나는 모든 일에 인내를 잘합니다. 남편은 자주 나에게 말합니다. "당신은 정말 인내를 잘해. 정말 대단해. 인내하는데 김희정을 따라올 사람이 있을까?" 인내는 나의 세포까지 깊숙이 배어 있는 성품입니다. 당신에게 인내는 무엇입니까?

인내는 부글부글 끓어오르는 마음을 꾹꾹 억누르며 참는 것이 아닙니다. 인내는 속으로는 복수의 칼날을 갈면서 겉으로는 그것을 내색하지 않고 앙갚음을 지연시키는 것이 아닙니다. 겉으로는 참으면서 속은 다 상하고 찢겨지는 것이 인내가 아닙니다.

인내는 그보다 훨씬 적극적이고 보배로운 행동입니다. 강한 자가 할 수 있습니다. 약자가 힘이 없어 입을 꾹 다물고 침묵하는 소극적인 행위가 아닙니다. 주안에서 인내력을 발휘해야 합니다.

"인내를 온전히 이루라. 이는 온전하고 구비하여 조금도 부족함이 없게 하려 함이라."(약 1:4) 표준 새번역에는 "당신은 인내력을 충분히 발휘하여 조금도 부족함이 없이 완전하고 성숙한 사람이 되라"고 적혀 있습니다.

보통 인내한다고 하면 고통스럽게 막연히 기다리는 것을 생각합니다. 하지만 성경에서 말하는 인내는 그렇지 않습니다. 물론 고통과 어려움의 시간을 견뎌야 하기도 합니다. 하지만 기쁨과 감사가 공존하는 인내입니다.

"그의 영광의 힘을 따라 모든 능력으로 능하게 하시며 기쁨으로 모든 견딤과 오래 참음에 이르게 하시고."(골 1:11)

그리스도의 인내를 하라. 마침내 모든 좋은 것을 다 얻게 된다

나의 기준은 "내가 얼마나 많이 참았는데 정말 더 이상 얼마나

더 참아야 하지?"라고 말하는 사람의 기준이 아닙니다. '그리스도
의 인내'입니다. 인내를 하되 끝까지 해야 합니다. 인내를 하되 그
리스도의 인내를 해야 합니다.

"주께서 너희 마음을 인도하여 하나님과 사랑과 그리스도의 인
내에 들어가게 하시기를 원하노라."(살후 3:5)

인내하면 결국 온갖 좋은 것을 누리게 됩니다. 온갖 좋은 사람을
만나게 됩니다. 인내는 당신이 살면서 할 수 있는 예술 행위입니
다. 나는 그리스도의 인내를 하는 최고의 아티스트입니다. 당신도
그리스도의 인내를 할 수 있는 최고의 아티스트입니다. 인내는 예
술입니다. 인내의 터널을 지나면 모든 아름다운 것들을 결국 다 얻
게 됩니다.

나는 인내를 잘하는 강인한 하나님의 군사입니다. 내 안에 살아
계시는 예수님 때문에 그리스도의 인내를 할 수 있습니다. 그리스
도의 인내를 통해 마침내 모든 좋은 것들을 누리고 있습니다.

마침내 건강하게 되었습니다.

마침내 사랑하게 되었습니다.

마침내 부요하게 되었습니다.

마침내 오해를 풀었습니다.

마침내 좋은 사람을 만났습니다.

마침내 꿈이 현실로 나타났습니다.

마침내 최고의 행복한 인생을 살고 있습니다.

"보라 인내하는 자를 우리가 복되다 하나니 너희가 욥의 인내를
들었고 주께서 주신 결말을 보았거니와 주는 가장 자비하시고 긍

휼히 여기시는 이시니라.”(약 5:11)

이 말씀이 현대인의 성경과 표준 새번역에는 다음과 같이 적혀 있습니다. “우리는 끈기 있게 참아 낸 사람들을 행복하다고 말합니다. 당신도 욥의 인내에 대해서 들었고 마지막에 하나님이 그에게 축복해 주신 것을 알고 있겠지만 하나님은 자비와 동정심이 많은 분이십니다.”(약 5:11)

“보십시오. 참고 견딘 사람은 복되다고 우리는 생각합니다. 당신은 욥이 어떻게 참고 견디었는지를 들었고, 또 주님께서 나중에 그에게 어떻게 하셨는지를 알고 있습니다. 주님은 가여워 하시는 마음이 넘치고, 불쌍히 여기시는 마음이 크십니다.”(약 5:11)

누구나 살다 보면 내 뜻대로 되지 않는 일들을 경험하게 됩니다. 나를 오해하고 잘못 판단하는 사람도 만나게 됩니다. 정말 사람의 힘으로는 참을 수 없는 어떤 일들을 만나기도 합니다. 특히 사람과의 관계에서 겪는 온갖 일들에는 인내가 필요한 경우가 너무도 많습니다.

예수님을 생각하면 참지 못할 일은 아무것도 없다

나는 도저히 이해되지 않는 사람을 만났습니다. 도무지 납득이 되지 않았습니다. 아무 말도 할 수 없었고 아무 변론도 할 수 없었습니다. 내 안에 계신 성령님께 나의 마음을 토할 뿐이었습니다.

“주님 정말 이건 너무하지 않습니까? 어떻게 그 사람들은 그럴 수가 있나요? 제가 어떻게 해야 하나요?" 터질 듯이 괴로운 마음을 부여잡고 한계 지점에 도달했을 때 성령님께서 말씀하셨습니다.

"이것까지 참으라."

당신은 "이것까지 참으라"는 성령님의 음성을 들은 적이 있습니까? 이 말씀이 성경에 나와 있는 것을 알고 있습니까? 예수님께서 모든 죄를 뒤집어쓰고 사람들에게 조롱과 매를 맞고 배신을 당하며 잡혀가시면서 제자에게 하신 말씀입니다.

예수님을 잡아가는 사람에게 분노한 제자가 상대방의 귀를 칼로 베어 버렸습니다. 그 제자에게는 너무도 합당하고 정당한 일이었습니다. 아무런 죄가 없으신 예수님께서 억울한 죄명을 뒤집어쓰고 그것도 다른 제자의 배반으로 인해 잡혀가는 순간이었습니다. 예수님을 위해서 본능적으로 튀어나온 행동이었습니다.

사랑하고 존경하는 예수님을 위해서 무엇이라도 하고 싶었습니다. 이 상황을 막아서고 예수님을 잡혀가지 못하게 하고 싶었습니다. 화가 치밀어 올랐습니다.

"어떻게 저럴 수가 있지? 어떻게 자기가 따르던 예수님을 돈 몇 푼에 팔아 버릴 수가 있지? 도대체 이 사람들은 누명을 쓴 예수님을 왜 끌고 가는 거야?"

백 번 천 번을 생각해도 이해되지 않았습니다. 예수님을 위해서 무슨 짓이라도 할 수 있었습니다. 그래서 예수님을 잡아가는 군사의 귀를 칼로 베어 버렸습니다.

그때 예수님께서 하신 말씀이 바로 "이것까지 참으라"였습니다. 당신이 참을 수 없는 상황은 어떤 것입니까? 당신이 도저히 참을 수 없는 사람은 어떤 사람입니까? 당신이 도무지 용납되지 않는 일들은 어떤 것이 있습니까?

나도 살면서 이런 상황들이 너무나 많이 있었습니다. 하지만 순간의 욱하는 감정으로 움직이지 않았습니다. 잠잠히 참아 기다리며 하나님의 음성에 귀를 기울였습니다. 나는 성령님의 음성이 분명하게 인식되면 더 이상 토를 달지 않습니다. 나의 감정과 의견과 생각을 진리의 말씀에 굴복시키고 엎드립니다.

어떤 상황에서도 성령님의 분명한 인도하심은 나에게 상상을 초월하는 힘을 줍니다. 아무리 사람들이 나를 괴롭게 하고 오해하고 몰아붙여도 성령님의 음성은 슈퍼맨보다 더한 초능력을 발휘하게 합니다. 분노를 쏟아 버리고 상대방을 공격하는 것이 강한 것이 아닙니다.

뜨거운 하나님의 사랑이 내 안에 있습니다. 그 사랑은 죽음보다 강합니다. 그 사랑은 사망을 삼켜 버립니다. 그 사랑은 원수를 용서합니다. 그 사랑은 분노를 녹여 버립니다.

흥분하지 말고 잠잠히 생각하라 그러면 성령님의 음성이 들린다

당신은 성령님의 음성을 듣습니까? 사람에게 아무런 말도 하지 못하고 잠잠히 하나님만 바라보고 있을 때 하나님의 음성을 들어 본 적이 있습니까?

나는 언제나 성령님의 음성을 듣습니다. 그 소리는 절망에서 나를 살려주었고, 힘이 빠졌을 때 큰 힘을 주었으며 도저히 이해되지 않는 일들이 생길 때 모든 것을 감당할 힘을 줍니다.

마리아의 남편 요셉도 그랬습니다. 요셉이 약혼녀 마리아가 임신을 했을 때 얼마나 이해할 수 있었을까요? 성경은 말합니다.

"요셉은 모친 마리아가 요셉과 정혼하고 동거하기 전에 성령으로 잉태된 것이 나타났더니 그 남편 요셉은 의로운 사람이라 저를 드러내지 않고 가만히 끊고자 하여 이 일을 생각할 때에 주의 사자가 현몽하여 가로되 다윗의 자손 요셉아 네 아내 마리아 데려오기를 무서워 말라. 저에게 잉태된 자는 성령으로 된 것이라."(마 1:1~20)

도저히 이해할 수 없고 용납되지 않아 마음에 분노가 끓어오르는 상황을 만났습니까? 그래도 흥분하고 분노하며 심판자의 자리에 서지 마십시오. 잠잠히 하나님 앞에서 질문하고 생각하십시오. 나는 그렇게 합니다. 그러면 말씀하시는 하나님께서 당신이 알아들을 수 있는 방법으로 말씀하고 친절히 알려주십니다.

도무지 납득이 되지 않는 상황을 만난 요셉은 생각했습니다.

'이 일을 생각할 때에.'

마리아에게 화내면서 흥분해서 주먹을 날리지도 않았습니다. 사람들에게 찾아가서 마리아를 욕하지도 않았습니다. 잠잠히 생각했습니다. 사람마다 자신이 생각하는 상식과 경험과 지식의 기준이 있습니다. 사람마다 자신이 허용하는 한계 지점이 있습니다. 나도 그렇습니다. 나는 한계가 있습니다. 나의 경험과 상식은 부분적임을 항상 인정합니다.

그래서 나의 기준은 내 경험과 내 상식과 내 윤리와 도덕이 아닙니다. 내 기준은 '성경'입니다. 내 기준은 나에게 말씀하시는 성령님의 음성입니다. 그러면 결국 모든 것이 다 해결됩니다. 다 이해됩니다. 다 감당할 수 있습니다.

가만히 생각하던 요셉에게도 하나님께서 말씀하셨습니다. "무서워 말라 마리아는 성령으로 잉태한 것이 맞다." 내 생각대로 내 예상대로 되지 않아도 항상 더 좋은 결과와 최고의 결과물이 나왔습니다. 나는 나의 인생과 나의 가정을 성령님의 이끄심에 완전히 맡기며 살아가고 있습니다.

여호와 앞에 잠잠하고 참아 기다리라

내가 결혼하기 전의 일입니다. 내가 존경하는 어떤 분이 있었습니다. 그분은 나의 배우자를 위해서 몇 개월간 기도했다고 하시면서 어떤 형제를 한 명 소개시켜 주었습니다. 그 당시 나는 다른 형제와 교제를 하고 있었습니다. 하지만 얼마 후 주위 사람들의 반대로 헤어진 상태였습니다.

그런데 나는 그때에도 성령님께서 주신 내적 확신이 있었습니다. 헤어진 그 사람이 결국 나의 남편이 될 것이라는 사실이었습니다. 바로 지금 나의 남편인 류근영입니다.

나의 배우자를 위해서 기도했다는 그분은 지금의 남편이 나의 배우자감이 아니라고 말했습니다. 당신은 이런 상황에서 어떻게 하겠습니까?

나는 잠잠히 하나님의 이끄심을 믿으며 참아 기다렸습니다. 하나님의 사랑으로 인내했습니다. "여호와 앞에 잠잠하고 참아 기다리라."(시 37:7a)

나는 결혼하기 까지 여러 과정이 있었습니다. 결혼하기까지 있었던 아픔과 힘든 일들이 나에게는 다 필요한 일이었습니다. 단 하나도 버릴 것이 없습니다. 20대 중반에 감당하기에는 조금 힘이 들었습니다. 하지만 그 과정을 겪으면서 인생의 귀한 깨달음들을 얻었습니다. 그 깨달음들을 어떤 보화보다 귀하게 여기고 마음 깊숙이 간직하면서 크게 성장할 수 있었습니다.

당신의 가정에도 혹시 이해할 수 없는 일들이 벌어지고 있습니까? 당신의 부모님, 자녀, 형제, 자매, 친척들을 도저히 이해 할 수 없는 상황입니까? 흥분하지 말고 하나님 앞에서 가만히 생각하십시오. 하나님께 질문하십시오.

사람들에게 돌아다니며 분노와 상처를 쏟아 내기 전에 하나님 앞에서 잠잠히 생각하십시오. "성령님 어떻게 할까요? 성령님 말씀해 주세요. 제 힘으로는 해결할 수 없습니다. 이해가 되지 않습니다. 성령님 도와주세요. 가르쳐 주세요. 주의 종이 듣겠나이다."

인생을 살다 보면 부딪히는 여러 가지 문제와 상황에 대해서 이렇게 대처하십시오.

첫째, 하나님께 정중히 질문하십시오.

둘째, 하나님께 도움을 청하십시오.

셋째, 흥분하지 말고 잠잠히 가만히 하나님을 바라보십시오.

넷째, 인내하십시오.

"보라 인내하는 자를 복되다 하나니 너희가 욥의 인내를 들었고 주께서 주신 결말을 보았거니와 주는 가장 자비하시고 긍휼히 여기시는 자시니라."(약 5:11)

당신과 당신의 가정을 가장 긍휼히 여기시는 하나님 아버지께서 인내하며 잠잠히 참아 기다리는 당신에게 생각하고 구하는 모든 것보다 아름답고 놀라운 일들을 행하실 것입니다.

"우리 가운데서 역사하시는 능력대로 우리의 온갖 구하는 것이나 생각하는 것에 더 넘치도록 능히 하실 이에게 교회 안에서와 그리스도 안에서 영광이 대대로 영원무궁하기를 원하노라."(엡 3:20~21)

서로 완전히 믿는 관계에서 진짜 기적이 일어난다

당신은 지금 누구를 가장 믿고 있습니까?

당신이 끝까지 믿고 신뢰할 수 있는 사람이 있습니까? 당신의 가족을 얼마나 믿고 신뢰하고 있습니까?

나는 가장 먼저 살아 계신 하나님을 완전히 믿습니다. 그리고 하나님을 믿는 나 자신을 믿습니다. 하나님께서 나에게 허락하신 가족을 믿습니다. 남편과 다섯 명의 아이들을 믿습니다. 하나님께서 만나게 해주신 동역자들을 믿습니다.

불완전한 사람을 이끄시는 완전한 하나님

나 자신과 가족이, 나의 동역자들이 완벽하고 아무런 실수가 없어서 믿는 것이 아닙니다. 내 안에 살아 계신 하나님, 남편과 아이들 안에 살아 계신 예수 그리스도, 동역자들을 이끄시는 성령님의 손길을 믿습니다. '불완전한 사람을 이끄시는 완전하신 하나님'을 믿습니다.

사람은 불완전합니다. 사람은 연약합니다. 사람은 실수합니다. 하지만 하나님은 완전합니다. 하나님은 강하십니다. 하나님은 실수가 없습니다. 사람이 완벽하기를 바라고 사람이 실수가 없기를 바라면 실망할 일이 많이 생깁니다.

나는 하나님의 눈으로 사람을 본다

당신은 사람을 볼 때 하나님의 눈으로 볼 수 있습니까? 나는 하나님의 눈으로 사람을 바라봅니다. 하나님의 눈으로 사람을 본다는 것은 어떤 것일까요?

하나님의 눈은 현재에 고정되어 있지 않습니다. 전지전능하신 하나님은 과거, 현재, 미래를 관통해서 다 보고 계십니다. 나도 하나님처럼 그렇게 바라봅니다. 이것을 사람에 대해서 적용하면 구체적으로 어떻게 보는 것일까요?

나는 20대 중반부터 30대 초반까지 교회에서 고등학생 아이들을 가르쳤습니다. 그때 여러 아이들을 만났습니다. 사람들이 생각할 때 말 잘 듣는 모범생, 부모님의 이혼으로 힘들어 하는 아이들,

술, 담배를 하고 말썽을 피우는 아이들, 공부를 너무 못하는 아이들 등 다양한 환경과 상황에 놓인 아이들을 만났습니다.

가르치는 선생님들은 당연히 말 잘 듣고 이왕이면 공부도 잘하는 반듯한 아이들을 좋아했습니다. 그리고 그런 아이들을 가르치고 싶어 했습니다. 하지만 나의 마음은 달랐습니다.

사람들이 볼 때 소위 말하는 '날라리'로 보이고 말썽을 피우는 아이들이 내 눈에는 문제아로 보이지 않았습니다. 그 아이들의 문제는 작아 보이고 장차 올 미래의 모습이 크게 보였습니다. 나는 그들에게서 나타나는 겉모습만 보지 않았습니다. 내 눈에는 특별히 더 사랑스러워 보였습니다. 하나님이 주신 사랑으로 아이들을 향한 마음이 늘 뜨거웠습니다. 내가 낳은 자식들 같았습니다.

나와 만난 아이들은 처음에는 반항을 하고 마음을 열지 않았지만 시간이 흐르면서 나의 진심이 아이들에게도 전해졌습니다. 아이들은 변하기 시작했습니다.

나는 비록 상대방이 과거에 실수를 했어도, 지금 부족한 모습을 보여도 그것을 그 사람의 전부라고 생각하지 않습니다. 현재 상대방이 가진 문제점이나 단점들로 그 사람의 모습을 판단하지 않습니다. 대신 가장 아름답고 멋진 모습으로 변했다고 믿고 기도합니다. 그리고 이미 그 사람이 변한 것처럼 대하고 기뻐합니다.

가족과의 관계, 다른 사람과의 관계에서 가장 중요한 건 믿음입니다. 하나님과의 관계에서도 그렇습니다. 끝까지 믿어야 끝까지 관계가 유지됩니다. 믿지 않으면 관계는 끊어집니다.

서로 완전히 믿는 관계는 기적을 불러 온다

당신은 누군가를 완전히 믿은 적이 있습니까?

나는 한 사람을 믿으면 끝까지 믿습니다. 주위에서 그 사람에 대해서 비난하고 아무리 단점을 파헤쳐도 그 말에 동요되지 않습니다. 내가 직접 겪고 확인되지 않는 이상 제 3자의 말에 의해 한 사람을 쉽게 판단하지 않습니다.

상대방이 나를 믿지 못하고 오해하고 비난하면서 떠나지 않는 이상 내가 먼저 신뢰의 끈을 놓지는 않습니다. 상대방의 실수와 단점을 알아도 나는 끝까지 믿습니다. 내가 끝까지 사람을 믿고 사랑할 수 있는 건 그들의 배후에 있는 하나님을 믿기 때문입니다.

나는 어쩌면 동화처럼 사람을 믿고 사는지 모르겠습니다. 하지만 이건 동화에 나오는 믿음이 아니라 본래 성경에 나오는 하나님의 믿음이고 사랑입니다. 나에게는 하나님의 믿음과 사랑이 가득합니다. 당신도 마찬가지입니다.

"사랑은 오래 참고 사랑은 온유하며 시기하지 아니하며 사랑은 자랑하지 아니하며 교만하지 아니하며 무례히 행하지 아니하며 자기의 유익을 구하지 아니하며 성내지 아니하며 악한 것을 생각하지 아니하며 불의를 기뻐하지 아니하며 진리와 함께 기뻐하고 모든 것을 참으며 모든 것을 믿으며 모든 것을 바라며 모든 것을 견디느니라."(고전 13:4~7)

당신은 안데르센 동화 중에 나오는 노부부의 이야기를 알고 있습니까? 나는 이 이야기를 읽을 때마다 가슴이 뭉클합니다.

할아버지가 말 한 마리를 팔러 나가서 소로 바꾸고 소를 양으로 바꾸고 결국 썩은 사과 한 자루로 바꾸게 됩니다. 이 모습을 지켜본 어떤 사람이 할아버지에게 말했습니다. "아니 말 한 마리를 가지고 나가서 썩은 사과 한 자루로 바꿨다고요? 할머니에게 혼이 나겠군요."

그러자 할아버지는 "아니요. 아내는 정말 잘 했다고 오히려 칭찬할 거요. 할멈은 내가 하는 일이라면 뭐든지 옳다고 하니까." 이 말을 들은 사람은 믿을 수가 없어서 할아버지에게 내기를 제안합니다. "말도 안돼요. 만약 할머니가 화를 내지 않고 잘했다고 하면 내가 가진 금화를 다 주겠소."

이 이야기의 결말은 어떻게 되었을까요? 결국 할아버지가 믿은 대로 할머니는 화를 내지 않고 잘했다고 말합니다. 내기에서 이긴 할아버지는 금화 한 보따리를 얻게 됩니다.

당신이 할머니의 입장이라면 "당신 정신이 있어요? 당장 가서 다시 바꿔 와요"라고 말하지 않겠습니까? "지금 우리 형편을 뻔히 아는 사람이 어떻게 그런 일을 저지를 수 있어요?"라며 윽박지르고 화내고 열 받아 하지 않겠습니까?

당신이 할아버지의 입장이라면 "아, 이를 어쩌지? 얼떨결에 이렇게 바꿨는데 아내가 엄청 화를 내겠네. 이 사실을 어떻게 숨기지? 뭐라고 변명을 하지?"라고 생각하며 어떻게든 둘러대고 상황을 모면하려고 하지 않겠습니까?

우리는 인간관계에서 서로 너무나 많은 상처와 의심을 주고받으며 두려움을 겪었습니다. 심지어 가족 간에도 서로 상처를 주고받으며 쉽게 서로에 대한 믿음을 포기합니다. 더 사랑하고 더 이해하려고 힘을 쓰는 것이 아니라 분노하고 화내고 내 생각과 내 입장을 주장하는데 힘을 쓰고 있습니다.

그런데 노부부는 서로를 전적으로 신뢰하고 믿어 줍니다. 다른 사람의 상식의 기준으로 생각할 때는 말도 안 되는 일들을 저질러도 무조건 믿어 줍니다. 서로 절대적인 신뢰를 보여줍니다. 결국 이 노부부의 어떤 일이 있어도 끝까지 믿어 주는 절대적인 신뢰 관계로 인해 기적을 경험하게 됩니다.

동화에 나오는 이야기지만 실제 삶에서도 누군가 당신을 전적으로 믿어 주고, 당신이 누군가를 전적으로 믿는다면 당신도 기적의 주인공이 될 것입니다.

무엇보다 완전하게 믿어야 할 대상은 하나님 한 분입니다. 하나님이 만나게 해주신 가족입니다. 하나님께서 만나게 해 주신 동역자들 입니다. 끝까지 믿으면 관계는 깨지지 않습니다. 끝까지 믿어야 모든 좋은 것을 함께 할 수 있습니다.

믿음의 본을 보이신 분이 예수님입니다. 예수님께서 당신을 위해서 목숨을 내어 주실 때 당신과의 관계는 원수였습니다. 당신은 예수님을 알지 못할 때였습니다. 그래도 당신이 예수님을 믿고 가족이 될 것을 믿으셨습니다. 이제 당신이 그 믿음에 반응할 때입니다. 모든 관계는 믿음으로 성립이 됩니다. 믿어야 됩니다.

후회 없이 믿고 후회 없이 사랑하라

당신은 사람을 전적으로 믿었다가 큰 낭패를 본적이 있습니까?

나는 큰 낭패를 본적이 있습니다. 나는 상대방을 완전히 믿었지만 상대방은 잘못된 정보를 듣고 나를 완전히 믿지 않았습니다. 그 순간은 정말 가슴이 찢어지는 것 같은 아픔이 있었습니다. 하지만 나는 전적으로 믿었기 때문에 그것만으로도 행복했습니다. 진심으로 후회 없이 아끼고 사랑했기 때문에 내 속에 아무런 거리낌이 없었습니다.

사람을 믿었다가 낭패를 보고 배신을 당한 경험 때문에 하나님께서 허락하신 또 다른 만남까지 미리 두려워하지 마십시오. 두려움을 느낀다면 다 떨쳐 버리십시오. 모든 염려를 주께 맡기고 현재 만나는 사람들을 소중히 여기십시오. 끝까지 믿어 주십시오.

믿는 당신에게 하나님께서 큰 상으로 보답하실 것입니다. 사람이 비록 당신을 실망시켜도 낙담하지 말고 당신을 완벽하게 이끌고 계시는 하나님의 손길을 굳건히 신뢰하십시오. 그러면 어떤 일이 있어도 기쁘고 행복합니다. 아름다운 기적이 일어납니다. 동화 같은 일들이 실제로 일어납니다.

후회 없이 믿고 후회 없이 사랑하십시오. 믿음과 사랑에 대한 모든 보상은 하나님이 직접 나서서 다 해 주실 것입니다. 나는 지금도 그 보상을 하나님으로부터 계속 받고 있습니다.

"무슨 일을 하든지 마음을 다하여 주께 하듯 하고 사람에게 하듯 하지 말라 이는 기업의 상을 주께 받을 줄 아나니 너희는 주 그리스도를 섬기느니라."(골 3:23~24)

지금 당장 믿음으로 의의 고수가 되라

당신은 완전한 은혜의 복음이 무엇인지 알고 있습니까?

당신이 알고 있는 복음은 어떤 것입니까? 당신의 인생과 가정에 복음이 어떤 영향을 주고 있습니까?

나는 모태 신앙으로 어릴 때부터 자연스럽게 교회를 다녔습니다. 어린 시절 여름 성경 학교 할 때가 기억납니다. 포도나무 모양의 스티커 판에 스티커를 다 모으기 위해 새벽에도 교회에 나갔습니다. 그냥 다 모아서 상을 받고 싶었습니다. 특별히 하나님을 사랑한 것도 예수 그리스도의 복음을 깨달은 것도 아니었지만 그냥 성경의 이야기들을 옛날이야기처럼 들으며 교회를 다녔습니다.

나는 성경 공부를 정말 많이 했습니다. 초등학교 때부터 30년이 넘게 성경 공부를 했습니다. 대학생 때부터는 성경을 가르쳤습니다. 성경도 많이 읽었습니다. 그런데 여러 가지 가르침으로 이 장단에 맞추어야 할지 저 장단에 맞추어야 할지 혼란스러울 때가 많았습니다.

오랫동안 신앙생활을 하면서 가장 많이 들었던 삶에 관한 내용들은 "기도 많이 해라" "교회 봉사 열심히 해라" "교회 모임에 열심히 참석해라" "전도를 열심히 해라" "성경을 많이 봐라" "회개하라"는 말이었습니다. 나는 교회에서 시키는 대로, 배운 대로 몸이 부서지도록 그대로 다 실천했습니다.

아무리 열심히 노력해도 사람이 해결 할 수 없는 문제가 있다

중국 선교의 아버지이자 중국내지 선교회를 설립한 허드슨 테일러(Hudson Taylor, 1832-1905)는 "나는 기도하고, 금식하고, 열심히 성경을 읽고, 결단하고 노력했지만 아무런 효과가 없었다. 매 순간 죄의식에 사로잡혔다. 나는 언제까지 이렇게 죄의식을 느끼며 좌절하며 살아야 하는가? 고민했지만 이길 수가 없었다"고 말했습니다. 그러다가 자신의 모든 노력과 애씀을 내려놓고 오직 믿음으로 하나님의 자녀로서의 행복한 삶을 찾게 되었다고 했습니다.

나도 그랬습니다. 시간을 채우는 기도, 기도회 참석, 철야기도, 성경통독, 성경 공부, 제자 훈련, 교회 봉사 등을 남들이 따라 올 수 없을 정도로 했습니다. 하지만 알 수 없는 죄책감에 시달렸고

늘 내 자신을 정죄했습니다. "왜 이렇게 밖에 못하니? 더 열심히 해야지"라고 항상 스스로를 다그쳤습니다.

성령 충만을 받기 위해서, 더욱 거룩해지고 싶어서 더 기도하고, 더 회개하고, 더 성경을 보고, 더 봉사하는 삶을 살았습니다. 나의 모든 행위와 노력과 땀과 수고와 눈물의 값을 치르고 성령 충만으로 받으려고 했습니다. 그리고 내가 하는 모든 행위가 성화의 도구라고 생각했습니다.

하지만 나의 목마름은 해결 되지 않았고 교회생활과 신앙생활의 경력만 쌓여 갔습니다. 믿음의 고수가 되기는커녕 죄인 괴수라고 날마다 고백하며 살아야 하는 괴로운 나날을 보냈습니다. 그것이 겸손이라고 배웠고 나의 신앙생활은 끝을 알 수 없는 미로를 계속 헤매는 것 같았습니다.

죄인 괴수가 아니라 의의 고수가 되는 것이 정상이다

나는 교회에서 배운 대로, 시키는 대로 아니 그보다 더 실천하며 열심히 신앙생활을 했습니다. 어머니 뱃속에서부터 40여년이 넘게 죽도록 열심히 또 열심히 했습니다.

세상 사람들은 그 정도 시간을 투자했으면 특정 분야의 '고수'가 됩니다. 하지만 정말 이상하게도 교회는 다니면 다닐수록 '괴수'가 됩니다. 나 또한 '죄인 괴수'라 고백하며 더 큰 죄인이 되어 있었습니다. 더욱 목마르고 더욱 힘이 들고 더욱 피곤했지만 나의 노력과 열심히 부족한 탓이라고 생각하며 더욱 처절하게 더욱 열심을 내어 신앙생활을 이어가고 있었습니다.

웬만큼 신앙생활을 한 사람들은 사도 바울이 "죄인 중의 내가 괴수니라"는 고백을 흐느끼며 말하면 겸손한 줄로 착각합니다. 마치 그런 고백을 하면 바울처럼 큰 믿음의 사람이 되었다고 생각합니다. 이건 정말 웃지도 울지도 못할 광경입니다. 당신은 어떻게 생각합니까? 오랜 세월 교회에 다니면서 "나는 죄인 괴수입니다"라고 고백하는 것이 진정한 믿음의 모습이라고 생각하십니까?

그렇게 하려면 차라리 아직 죄인 괴수가 되지 않은 초신자가 훨씬 행복하지 않을까요? 죄인 괴수보다는 급이 낮은 죄인이니까요. 다시 생각해야 합니다.

하나님 앞에서 울먹이며 "내가 죄인 괴수입니다" "이 연약한 죄인이"라고 고백하는 사람들은 막상 다른 사람들이 자신을 인정해 주지 않거나 죄인 괴수 취급하면 분을 뿜어냅니다. 입술로는 죄인 괴수라고 고백하면서 실제로는 오랜 교회 생활과 경험, 자기 열심으로 쌓아 놓은 자기 의가 가득한 경우가 많습니다.

당신도 혹시 "내가 죄인 중의 괴수입니다"라고 고백하며 흐느끼고 있다면 정신을 똑바로 차리고 완전한 은혜의 복음을 다시 배워야 합니다. 성경에서 어떻게 말하고 있는지 성령님의 인도를 받아서 눈을 크게 뜨고 살펴보아야 합니다.

"모든 성경은 하나님의 감동으로 된 것으로 교훈과 책망과 바르게 함과 의로 교육하기에 유익하니 이는 하나님의 사람으로 온전하게 하며 모든 선한 일을 행할 능력을 갖추게 하려 함이라."(딤전

3:16)

예수 그리스도의 복음을 믿고 성경을 깨달은 사람은 하나님의 사람으로 온전하게 됩니다. 모든 선한 일을 행하는 능력자가 되는 것입니다. 연약하고 빌빌거리며 목마름에 허덕이는 나약한 사람이 아닙니다. 죄가 점점 쌓여서 죄인 괴수라고 고백하는 사람이 아닙니다.

당신은 신앙생활을 오랫동안 습관적으로 하고 있지만 아직도 목마르고 가난하고 마음엔 상처밖에 남아 있지는 않습니까? 과연 성경에서는 어떻게 말하고 있을까요?

"한 사람이 순종하지 아니함으로 많은 사람이 죄인 된 것 같이 한 사람이 순종하심으로 많은 사람이 의인이 되리라."(롬 5:19)

예수 그리스도께서 순종했습니다. 죄가 없으신 분이 죄인의 형벌을 받는 도저히 납득이 가지 않는 일에 순종을 했습니다. 그 이유는 예수님의 순종으로 많은 사람이 의인이 되게 하기 위함이었습니다. "사람이 마음으로 믿어 의에 이르고 입으로 시인하여 구원에 이르느니라."(롬 10:10)

더 이상 당신은 죄인이 아니며 당신의 가정은 죄인의 가정이 아닙니다. 죄인이 되려고 예수님을 믿는 것이 아닙니다. 예수그리스도의 공로를 믿음으로 의인이 됩니다. "복음에는 하나님의 의가 나타나서 믿음으로 믿음에 이르게 하나니 기록된바 오직 의인은 믿음으로 말미암아 살리라 함과 같으니라."(롬 1:17)

빛나는 의인의 가정이 되었습니다. 자자손손 의인의 가문이 되었습니다. 예수 그리스도의 은혜의 복음을 믿어 큰 복을 누리고 전하는 의인의 가문으로 살아가십시오. 이것이 당신의 가정과 가문을 향한 하나님의 변함없는 계획이고 뜻입니다.

당신의 수고를 멈추고 예수님의 수고를 인정하라

기독교는 당신의 수고와 땀과 노력과 눈물로 애쓰는 종교가 아닙니다. 예수님의 피와 땀과 눈물의 공로를 믿고 받아들이는 것입니다. 당신의 힘이 아니라 예수님의 힘을 믿는 것입니다.

예수님을 본받기 위해 아등바등 따라가는 것은 기독교의 본질이 아닙니다. 그리스도를 따라가는 것이 아니라 그리스도를 내 안에 모시고 연합하여 함께 사는 것입니다. '내 밖에 계신 하나님'을 멀리서 바라보는 것이 아닙니다. '내 안에 계신 그리스도'를 믿는 것이 중요합니다.

"내가 그리스도와 함께 십자가에 못 박혔나니 그런즉 이제는 내가 사는 것이 아니요 오직 내 안에 그리스도께서 사시는 것이라 이제 내가 육체 가운데 사는 것은 나를 사랑하사 나를 위하여 자기 자신을 버리신 하나님의 아들을 믿는 믿음 안에서 사는 것이라."(갈 2:20)

예수님이 어떤 일을 하셨을까요? 예수님의 공로는 무엇일까요? 십자가에서 인류의 모든 죄를 그 몸에 짊어지시고 죄 값을 치르셨습니다. 그 결과 죄와 목마름, 질병과 가난, 어리석음과 징계, 죽음에서 우리를 해방시키셨습니다. 이것을 믿는 자는 의와 성령 충만,

건강과 부요, 지혜와 평화, 영원한 생명을 일평생 누리며 최고의 행복자로 살게 되어 있습니다.

모든 죄와 저주를 도말하시고 모든 복을 당신에게 주셨습니다. 사람의 공로가 아니라 오직 예수님의 피 값으로 이 모든 것을 이루셨습니다. 이 귀한 은혜의 온전한 복음을 믿으면 당신의 가정과 가문이 최고의 행복을 누리는 믿음의 명문 가문으로 반드시 거듭날 것입니다. 진정으로 행복한 억만장자 가문의 길로 갈 수 있습니다.

"주 예수를 믿으라. 그리하면 너와 네 집이 구원을 얻으리라." (행 16:31)

당신도 나처럼 믿음의 스위치를 켜면 최고의 주인공 위치로 바뀐다

당신은 어떤 신분을 가지고 있습니까?

당신은 신분이 상승해 본 경험이 있습니까? 사람들은 금수저와 흙수저를 말합니다. 흙수저는 금수저가 될 수 없다고 절망합니다. 금수저를 부러워하고 비난하기도 합니다. 자신이 흙수저라고 허탈한 웃음을 지으며 말하고 다닙니다.

몽골 제국을 건설하고 세계 역사상 가장 넓은 대륙을 정복했던 칭기스칸(Chingiz Khan, 1162-1227)은 말했습니다.

"가문이 나쁘다고 탓하지 마라. 나는 아홉 살 때 아버지를 여의고 마을에서 쫓겨났었다. 가난하다고 말하지 마라. 나는 들쥐를 잡아먹으며 연명했고 목숨을 건 전쟁이 내 직업이고 바로 내 자신의

일이었다. 배운 게 없다고 힘이 없다고 탓하지 마라. 나는 내 이름
도 쓸 줄 몰랐으나 남의 말에 귀 기울이며 현명 해지는 법을 배웠
다. 너무 막막하다고 포기 해야겠다는 말을 하지 마라. 나는 목에
칼을 쓰고도 탈출했고 뺨에 화살을 맞고도 살아 날 수 있었다."

나는 믿음의 스위치를 켜서 최고의 위치로 옮겼다

나도 역시 환경이나 사람을 탓하지 않고 살아 왔습니다. 나는 27
세에 결혼해서 신혼집을 구할 때 부모님의 도움을 받아 2천만 원
하는 전셋집을 얻었습니다. 그 당시 천만 원만 더 있었어도 더 쾌
적하고 좋은 전셋집을 구할 수 있었습니다. 하지만 나는 천만 원을
준비할 여력이 되지 않았습니다. 그로부터 18년이 지난 지금 나는
완전히 다른 위치에 있습니다.

전세를 살다가 전세를 놓는 집주인이 되었습니다. 고시원에서
생활하며 월세를 냈지만 지금은 건물의 주인이 되어 월세를 받습
니다. 내 명의로 된 집 하나가 없었지만 지금은 여러 채의 아파트
와 건물들이 있습니다.

예전에는 회사원으로 밤늦게까지 날마다 야근을 하며 지냈지만
지금은 회사의 대표로 사업을 하면서 시간을 자유롭게 사용합니다.
나는 자유로운 나만의 시간에 더 큰 꿈을 꾸고 나의 깨달음을 담은
책을 쓰고 있습니다. 책을 읽던 독자에서 책을 쓰는 저자가 되었습
니다.

모든 것이 달라졌습니다. 지금도 계속 하나님의 은혜로 많은 일들이 진행되고 있습니다. 날마다 나는 성장하고 있습니다. 당신도 나처럼 날마다 성장하고 변화하는 삶을 살아야 합니다. 나는 지금도 계속해서 꿈이 현실로 나타나는 최고의 행복을 누리며 살고 있습니다.

나는 아무리 어려운 순간에도 단 한 번도 나의 위치나 환경을 원망해 본적이 없습니다. 오히려 어릴 때부터 "엄마, 내가 돈 많이 벌어서 호강시켜 드릴 게요. 나는 돈을 많이 벌어서 부자가 될 거예요"라고 항상 입버릇처럼 말하고 다녔습니다.

당신도 모든 원망과 불평과 핑계를 그치고 나처럼 원하는 것을 말하고 꿈을 꾸어야 합니다. 그러면 당신의 가족과 부모님, 가문을 최고의 위치로 놓는데 쓰임 받는 주인공이 될 것입니다.

나는 실제로 56평의 아파트에 살면서 내 주위에 있는 사람들이 나처럼 부요하게 살도록 이끌어 주었습니다. 내가 넓은 아파트를 사면 내 형제와 이웃들이 그렇게 살도록 이끌어 주었습니다.

성령님의 인도하심을 따라 힘을 다해 내 형제와 이웃들이 어려울 때 도왔습니다. 나를 믿고 함께 하는 사람들은 모두 내가 누리고 얻은 좋은 것들을 함께 누리고 있습니다. 나는 앞으로도 가정과 가문을 최고의 위치에 세우고 수많은 영혼들을 그리스도 안에서 부요하고 행복한 자로 세울 것 입니다.

내가 쓴 책 〈천재자산가 류근영의 억만장자처럼 행동하라〉를 꼭 읽어 보십시오. 당신이 있는 현재 위치에서 최고의 위치로 옮겨 갈 수 있도록 안내해 줄 것입니다.

지금 내가 소개하는 한 사람은 인생의 바닥까지 내려갔다가 최고의 자리에 오른 사람입니다. 누구일까요? 바로 요셉입니다.

요셉을 이끄신 하나님이 당신도 최고의 신분으로 변화 시킨다

요셉은 야곱의 아들 신분에서 노예 신분으로 바뀌었습니다. 이후 노예로 팔려 간 시위대장 보디발 집에서 총 지배인의 신분이 되었지만 보디발의 아내의 모함으로 죄인의 신분으로 바뀌었습니다.

그러나 하나님이 도우심으로 국무총리의 신분을 얻어 한 나라의 지도자가 되었습니다. 7년 풍년을 지혜롭게 준비하여 7년 흉년을 잘 넘기게 되었습니다. 이후 극적으로 다시 아버지 야곱과 모든 가족들을 만나게 됩니다.

하나님은 요셉을 22년 만에 다시 야곱의 아들의 신분으로 만들어 주었습니다. 이후 야곱이 죽기 전에 유일하게 요셉의 두 아들 에브라임과 므낫세에게 안수 축복 기도를 합니다. 믿음의 조상의 대를 잇게 하는 아비의 신분을 얻게 하십니다.

당신은 어떤 신분에 속해 있습니까?

누구나 이 땅에 아들과 딸로 태어납니다. 어떤 이는 태어남과 동시에 부자의 신분을 얻습니다. 어떤 이는 반대로 평민의 신분을 얻습니다. 심지어 어떤 이는 노예 신분이 되기도 합니다. 또 어떤 이는 자신의 죄와 상관없이 부모의 죄로 죄수의 신분을 얻기도 합니다. 혹은 자신이 죄를 범하여 죄수의 신분이 되기도 합니다.

내 사전에 흙수저와 금수저는 없다. 나는 신수저다

당신은 지금의 위치에 만족합니까? 흙수저로 만족하십니까? 그 것이 당신이 태어난 존재의 의미입니까? 당신이 원하는 신분과 위치는 어디까지입니까? 당신이 꿈꾸고 원하는 것은 다 현실에서 이룰 수 있습니다.

사람들은 흙수저로 태어나 절대로 금수저가 될 수 없다고 믿습니다. 그래서 금수저를 부러워하면서도 욕하고 비난하고 비아냥거립니다. 하지만 그런 부정적인 생각과 태도를 버려야 합니다.

당신이 세상에서 말하는 흙수저라 할지라도 당신 자신과 부모님까지 금수저로 만들 수 있는 위치로 올라가겠다는 꿈을 가져야 합니다.

그런데 당신은 알고 있습니까? 당신은 하나님이 창조한 걸작입니다. 금수저 정도가 아니라 '신(神)수저'입니다. 하나님으로부터 나온 대단한 존재입니다. 당신은 흙수저도 아닙니다. 금수저도 아닙니다. 신이 만든 '신수저'입니다. 세상이 말하는 자조 섞인 단어를 받아들여서 당신의 정체성과 자존감을 낮추거나 불평하지 마십시오.

영혼의 문제를 해결하고 최고의 위치에 서라

당신은 영혼의 문제를 해결 받았습니까? 영혼의 문제를 해결 받는 것은 무엇보다 중요합니다. 영혼의 문제를 먼저 해결하지 못하면 죄의 노예, 사망의 노예의 신분에 처하게 됩니다. 이것이야말로 가장 밑바닥 인생입니다. 당신은 영혼의 문제에서도 최고의 위치에 서야 할 권리가 있습니다.

어떻게 하면 영혼의 문제를 해결 받고 최고의 위치에 오를 수 있을까요? 은혜의 온전한 복음을 믿으면 단번에 당신은 밑바닥에서 최고의 위치로 오르게 됩니다. 확실하게 신분이 변하게 됩니다.

"영접하는 자 곧 그 이름을 믿는 자들에게는 하나님의 자녀가 되는 권세를 주셨으니."(요 1:12)

예수 그리스도가 우리 죄를 위해 십자가에서 고난 받으시고 죽으셨다가 부활하셨습니다. 그 몸으로 당신과 당신의 가문이 받아야 할 모든 죄와 저주를 대신 짊어지셨습니다. 당신과 당신의 가정의 모든 문제를 예수님이 다 해결하셨습니다.

"내가 진실로 진실로 너희에게 이르노니 내 말을 듣고 또 나 보내신 이를 믿는 자는 영생을 얻었고 심판에 이르지 아니하나니 사망에서 생명으로 옮겼느니라."(요 5:24)

신의 가문의 일원이 되는 것은 최고의 선택이다

당신은 영혼의 문제를 해결 받아 죄에서 해방되었습니까? 죄의 종에서 의의 종으로, 하나님의 자녀로 신분이 바뀌었습니까?

그렇다면 이제 구원받은 하나님의 자녀로서 이 땅에서도 부귀와 권세를 누려야 합니다. 온 몸이 건강하고 장수해야 합니다. 살아서 누릴 수 있는 모든 좋은 것들을 다 누리며 최고의 행복을 만끽하며 살아야 합니다. 하나님이 자녀인 당신에게 원하는 삶입니다.

이제 당신은 세상의 그 어떤 명문가문보다 훌륭한 하나님의 가문의 일원이 되었습니다. 당신이 하나님의 자녀가 되어 신의 가문의 일원이 된 것은 세상에 태어나서 가장 잘 한 일입니다. 당신의 가정과 가문이 최고의 명문 가문이 되는 길입니다.

"네가 네 하나님 여호와의 말씀을 삼가 듣고 내가 오늘 네게 명령하는 그의 모든 명령을 지켜 행하면 네 하나님 여호와께서 너를 세계 모든 민족 위에 뛰어나게 하실 것이라."(신 28:1)

당신은 유명 배우보다 몸값이 높은 존귀한 자다

당신은 어떤 사람입니까? 부모님께는 어떤 자녀입니까?

나는 하나님의 특별한 사랑을 받는 하나님의 자녀입니다. 육신의 부모님께도 신뢰와 사랑을 받는 장손입니다. 또한 사랑스러운 다섯 명의 자녀를 둔 부모이기도 합니다.

나는 하나님을 경외하고 온 맘 다해 사랑합니다. 나는 의인이고 성령 충만하며 하나님의 지혜가 가득합니다. 온몸은 건강하고 경제적으로는 부요한 천재자산가의 위치에 있습니다. 마음은 평화가 가득하고 영원한 생명을 가졌습니다.

영원히 갚을 수 없는 하나님의 큰 은혜와 사랑을 힘입어 천재작가와 강연가, 사업가, 자산가의 길을 가고 있습니다. 행복한 억만장자의 길을 가고 있습니다. 지금은 이렇게 하나님의 은혜로 모든 것이 넉넉하여 풍성한 복을 받아 누리고 있습니다.

나는 기도 응답으로 살아난 기적의 증거이다

당신은 기적을 경험한 적이 있습니까?

나는 아주 어렸을 때 사고로 몸이 다쳐서 부모님께 큰 걱정을 끼쳐 드렸습니다. 내가 출생했을 당시 부모님은 연탄 장사를 하시느라 항상 바쁘셨습니다. 막 돌이 지나 아장아장 기어 다니는 나를 옆집 누나에게 맡기고 일을 나가셨습니다.

그런데 옆집 누나가 놀이터에서 어린 나를 돌보던 중에 큰 사고가 일어났습니다. 나는 앞뒤로 널뛰는 그네로 돌진했고 얼굴 정면이 그네 모서리에 부딪혀서 그야말로 피범벅이 되어 버렸습니다.

어머니는 이 소식을 전해 들으시고 하늘이 무너지는 것 같은 고통이 있었지만 하나님을 원망하거나 낙심하지 않으셨습니다. 대신 앞 코와 눈이 짓이겨진 어린 아들을 품에 안고 간절히 기도하셨습니다. 어머니의 간절한 믿음의 기도 덕분에 나는 완쾌되어 지금까지 코로 호흡하며 잘 살고 있습니다. 나는 부모님에게 기도 응답으로 살아난 기적의 증거입니다.

당신의 자녀에게는 어떤 문제가 있습니까? 어떤 문제를 가지고 있든지 믿음의 기도를 하십시오. 하나님께서 응답하셔서 기적의 증거가 되게 하실 것입니다. 슬픔이 변하여 기쁨이 되게 하시고 고통이 변하여 춤이 되게 하실 것입니다.

"무릇 시온에서 슬퍼하는 자에게 화관을 주어 그 재를 대신하며 기쁨의 기름으로 그 슬픔을 대신하며 찬송의 옷으로 그 근심을 대신하시고 그들이 의의 나무 곧 여호와께서 심으신 그 영광을 나타낼 자라 일컬음을 받게 하려 하심이라."(사 61:3)

나의 모든 어려움이 변하여 즐거움이 되었다

당신은 행복하게 살다가 어려움을 당한 일이 있습니까? 어려움 중에 위로하시는 하나님의 사랑과 약속을 경험한 적이 있습니까?

나는 지금까지 살아오면서 하나님의 은혜로 수많은 복을 받았습니다. 지금도 하나님은 계속 큰 복을 쏟아 부어 주십니다. 하지만 예전에는 내가 생각지 못했던 어려운 일들을 많이 겪었습니다.

이 책에 다 적을 수는 없지만 아무리 큰 어려움을 겪을 때에도 하나님의 사랑과 은혜가 나와 나의 가정을 붙들어 조금도 흔들리지 않도록 해주셨다는 것입니다.

돈 문제, 인간관계 문제, 건강 문제 등 여러 가지 문제들이 내 앞을 막아서 당시에는 다 어렵게만 보였는데 지금은 오히려 즐거움이 되었습니다. 내가 믿는 하나님은 모든 어려움이 변해서 즐거움이 되게 하셨습니다. 하나님을 찬양합니다.

당신도 지금 어려움을 만나서 남몰래 눈물을 흘리며 아파하고 있습니까? 어떻게 해결해야 할지 몰라서 멍하게 앉아 있습니까?

광야가 변하여 샘이 되게 하시는 하나님께서 당신의 모든 어려움을 즐거움으로 변하게 하실 것입니다.

낙심하지 마십시오. 나와 함께하셔서 모든 문제를 해결해 주신 하나님께서 당신과 가정에도 동일하게 역사하실 것입니다. 하나님의 눈에 가장 보배롭고 존귀한 당신을 향한 하나님의 손길을 마음껏 기대하십시오.

자녀의 모습을 보고 실망하지 마라. 하나님이 일으켜 세우신다

당신은 자녀를 보고 실망한 적이 있습니까?

나는 5명의 아이들에게 실망하지 않습니다. 아이들이 아무런 실수도 하지 않고 완벽해서 그런 것은 아닙니다. 나는 하나님께서 5명의 아이들을 이끌고 계신 것을 굳건히 믿습니다. 나의 자녀이기 이전에 하나님의 아들, 딸임을 알기에 하나님께 모두 맡겼습니다.

각자 독특한 개성과 재능을 가지고 있습니다. 나는 하나님께서 5명 모두를 이미 하나님을 경외하는 세계적인 지도자로 세우신 것을 믿습니다.

당신도 나처럼 자녀의 약하고 부족한 모습을 보고 실망하거나 판단하지 말고 각자의 개성을 존중하고 믿음으로 양육하십시오. 당신의 눈에는 자녀들이 실망스러워 보일 수 있어도 하나님의 생각은 다릅니다. 지금 눈에 보이는 자녀들의 모습을 보며 실망하거나 한숨짓지 마십시오.

하나님은 당신이 실망한 바로 그 자녀를 일으켜 당신의 가문을 빛낼 훌륭한 인물로 넉넉히 세울 수 있는 분이십니다. 당신의 자녀는 모두 하나님이 만드신 최고의 걸작입니다.

나의 자녀들은 이름대로 최고의 인생을 산다

당신의 자녀는 어떤 이름을 가지고 있습니까?

나는 5명의 자녀가 있습니다. 이 아이들의 이름은 인성, 예성, 주성, 그리고 쌍둥이인 현성, 은성 입니다.

첫째는 '인성'이 입니다. '하나님의 인자하고 거룩한 성품을 가진 자' '동방의 거룩한 자' '하나님을 경외하는 자'라는 뜻입니다.

둘째는 '예성'이 입니다. '예수님이 다 이루어 주셨다.' '맑고 깊은 거룩한 자'라는 뜻입니다.

셋째는 '주성'이입니다. '하나님 나라의 거룩한 기둥 된 자' '큰 믿음의 사람' '주님이 다 이루어 주신다'는 뜻입니다.

넷째는 '현성'이입니다. '하나님의 지혜와 거룩한 성품을 가진 자' '하나님의 영광이 나타나는 자'라는 뜻입니다.

다섯째는 '은성'이입니다. '하나님이 은혜로 다 이루어 주셨다' '은총과 거룩함을 입은 자'라는 뜻입니다.

나는 다섯 명의 자녀들이 이름대로 살 뿐만 아니라 모든 이름 위에 뛰어나신 예수 그리스도의 이름을 믿음으로 세상에서 가장 행복하고 멋진 인생을 살게 되리라 믿습니다.

사실 이 아이들의 이름은 전부 하나님 자신을 뜻합니다. 모든 이름 위에 뛰어나신 예수 그리스도의 이름을 조금씩 다르게 표현한 것입니다. 나는 예수님의 이름을 가장 사랑합니다.

모든 이름 위에 뛰어난 이름은 예수 그리스도이다

당신은 모든 이름 위에 뛰어난 이름을 알고 있습니까? 세상에서 가장 높은 이름, 위대한 이름이 있습니다. 나는 세상의 어떤 이름보다 이분의 이름을 가장 사랑하고 자랑스럽게 여깁니다. 그래서 내 마음 판에 영원히 지워지지 않도록 새겨 넣었습니다. 바로 예수 그리스도입니다.

예수님의 이름의 뜻은 무엇일까요? '구원자'이십니다. 당신을 모든 저주에서 구원하시는 분이십니다. 죄와 목마름, 질병과 가난, 어리석음과 징계, 사망에서 구원하시는 분이십니다. "아들을 낳으리니 이름을 예수라 하라. 이는 그가 자기 백성을 그들의 죄에서 구원할 자이심이라 하니라."(마 1:21)

또 다른 이름은 '임마누엘'입니다. 모든 저주에서 당신을 구원하시는 하나님이 당신과 가정에 함께 계신다는 것입니다. "보라 처녀가 잉태하여 아들을 낳을 것이요 그의 이름은 임마누엘이라 하리라 하셨으니 이를 번역한즉 하나님이 우리와 함께 계시다 함이라."(마 1:23)

'모든 이름 위에 뛰어난 예수 그리스도의 이름'을 당신과 자녀의 마음에 크게 새겨 넣으십시오. 당신의 가문에 '예수 그리스도'의 이름을 명패로 달아 놓으십시오. 가장 존귀한 명문 가문이 됩니다.

그 이름을 가장 존귀하게 여기십시오. 그 이름을 믿으십시오. 예수 그리스도의 이름을 믿는 자는 일평생 예수님의 이름대로 모든 민족 위에 뛰어난 존귀한 자로 살아가게 될 것입니다.

"이러므로 하나님이 그를 지극히 높여 모든 이름 위에 뛰어난 이름을 주사 하늘에 있는 자들과 땅에 있는 자들과 땅 아래에 있는 자들로 모든 무릎을 예수의 이름에 꿇게 하시고."(빌 2:9, 10)

하나님 아버지께 믿음으로 마음껏 구하고 풍성히 받으라

당신은 하나님께 마음껏 구하고 풍성하게 응답받는 삶을 살고 있습니까?

셋째 아들 주성이는 요청해서 원하는 것을 얻어내는데 대장입니다. 아빠인 나에게 2배로 요청하고 1/2 기한 내에 받아 내는 능력이 있습니다.

초등학생인 형과 누나는 각각 자기 방에 멋진 책상과 의자가 있는데, 막내인 주성이는 자기 책상이 없었습니다. 그래서 거실 탁자나 거실 바닥에 배를 깔고 앉아 온 사방에 연필과 크레용을 엎어 놓고 색칠을 합니다.

어느 날, 퇴근 후에 집이 어지럽혀 있어서 "주성아! 연필과 크레용을 제자리에 놓고 써야지. 사방에 돌아다니니까 보기 싫지?"라고 했습니다. 주성이는 조금도 망설이지 않고 말했습니다.

"나는 형이랑 누나처럼 책상이 없어서 그래요."

"그럼 잘 치우면 책상이랑 의자 사줄게."

"아빠, 책상 먼저 사주 세요." 주성이는 그 이후로도 계속 책상을 사 달라고 말했습니다. "주성아, 형과 누나처럼 초등학교에 가면 사줄게."

주성이는 그렇게 말해도 포기하지 않았습니다. 생각날 때마다 수시로 말했습니다. "아빠 근데 나 책상 언제 사줄 거예요? 나 책상 정말 갖고 싶어요."

결국 어떻게 되었을까요? 원하는 책상을 갖게 되었습니다. 주성이는 어떤 책상이 좋은지 잘 모릅니다. 그저 아빠 엄마가 제일 좋은 것을 사줄 거라는 믿음만 있었습니다.

그런데 문제는 책상을 주문했는데 열흘을 기다려야 한다고 했습니다. 업체 사정상 더 빨리는 안 된다고 했습니다. 손가락으로 10을 세면서 설명해 주었습니다.

그러자 "그럼 다섯 밤만 자면 올 거예요." 주성이는 업체 사정이 무엇인지 이해할 수도 없고 중요하게 생각하지도 않았습니다. 무조건 책상이 빨리 도착하기만 바라고 믿고 있었습니다.

결국 아내를 통해 전화를 해 보았습니다. 생각보다 책상이 빨리 나와서 정말로 5일 만에 의자를 받고 6일 만에 설치를 끝내게 되었습니다. 역시 막내 주성이는 2배로 요청하고 1/2 기한 내에 응답받는 아이입니다.

당신도 하나님 아버지께 원하는 것을 마음껏 믿음으로 요청하고 더 풍성히 받으십시오. 영원한 아버지가 되시는 하나님께서 가장 좋은 때에 가장 좋은 것으로 응답해 주십니다.

사람은 몰라봐도 하나님은 당신을 알아보고 인정 하신다

당신은 자녀들을 비교한 적이 있습니까?

당신이 누군가에게 비교를 당해 본적이 있습니까? 혹시 부모님에게 다른 형제나 자매보다 인정을 받지 못해서 괴로운 적이 있었습니까?

미국의 대표적인 기독교 작가이자 오크힐즈 교회 목사인 맥스 루케이도(Max Lucado, 1955-)는 "당신은 우연이 아니다. 당신은 대량 생산된 존재가 아니다. 당신은 공장에서 일괄적으로 조립된 제품이 아니다. 당신은 최고의 장인이신 하나님이 의도적으로 계획하시고, 특별히 은사를 주시며, 사랑으로 이 땅에 두신 존재다" 라고 했습니다.

나는 5명의 자녀들을 비교하지 않습니다. 각자의 독특한 개성을 존중합니다. 그리고 그 모습을 즐겁게 바라봅니다. 하나님은 당신을 가장 보배롭고 존귀한 자녀로 여기십니다. 당신은 하나님의 사랑을 믿고 당당하게 살아가야 합니다. 그것이 가장 행복합니다.

하나님께서 '내 마음에 합한 자'라고 인정하셨던 이스라엘 왕인 다윗도 사실 아버지 이새에게는 존재감이 없는 자였습니다. 하나님께서는 사울 왕을 폐하고 이새의 아들 중에서 왕을 택하고자 선지자 사무엘을 이새에게 보내었습니다.

첫째 엘리압이 그 앞을 지나갔습니다. 그는 이새의 모든 관심과 사랑을 다 받은 첫째였습니다. 선지자 사무엘이 보기에도 첫째 엘리압은 키가 훤칠하고 용모가 좋았습니다. 그러나 하나님은 그를 택하지 않았습니다. 둘째, 셋째 아들도 아니었습니다. 선지자 사무엘은 이새의 아들 마지막 일곱째까지 다 보았습니다.

그런데 아버지 이새가 보기에 든든하고 잘났다고 생각했던 아들들 중에는 대상자가 없었습니다. 결국 사무엘이 이새에게 당신의 아들들이 다 여기 있냐고 물었습니다. 그제야 이새는 막내아들이 하나 있는데 양을 치고 있다고 말했습니다.

육신의 아버지인 이새는 다윗을 몰라봤습니다. 큰 기대를 하지도 않았습니다. 그저 양을 열심히 치는 막내아들이었습니다. 하지만 하나님 아버지는 여덟째 막내아들 다윗을 선택했습니다.

제사장 사무엘이 드디어 다윗을 보게 되었습니다. 성경에서는 다윗에 대해서 이렇게 말하고 있습니다. "그의 빛이 붉고 눈이 빼어나고 얼굴이 아름답더라. 여호와께서 이르시되 이가 그니 일어나 기름을 부으라 하시는지라."(삼상 6:12)

당신은 여러 형제들 중에서 주목 받지 못하는 사람입니까?

혹시 부모에게 인정받고 주목받지 못해도 낙심하지 마십시오. 하나님은 정확하게 당신을 주목하고 계십니다. 당신을 택하시고 지명하여 부르십니다. 당신을 한없는 사랑으로 품어 주시고 인정해 주십니다. 육신의 부모님이 당신을 몰라주더라도 하나님은 당신을 반드시 사용하실 것입니다.

당신이 부모라면 하나님이 자녀들을 어떻게 사용하실지 다 알지 못합니다. 지금 당신의 눈에 자녀가 조금 부족해 보인다고 걱정하거나 판단하지 마십시오. "먼저 된 자로서 나중 되고 나중 된 자로서 먼저 될 자가 많으니라."(마 19:30, 막 10:31)

당신의 가정과 가문은 신이 주목하는 VIP다

당신은 어떤 가문입니까?

대한민국 정통성을 가진 이씨 조선의 왕족 가문입니까? 세계 왕실을 대표하는 영국 왕실의 가문입니까? 당신은 세계 민주주의를 대변한 미국 케네디 가문입니까? 상상하는 것을 가능하게 만드는 천문학적 재산을 보유한 UAE 알 나얀 가문입니까?

나는 예수 그리스도를 4대에 걸쳐 믿는 믿음의 가문입니다. 천 대까지 그리고 영원히 예수 그리스도를 구주로 믿는 축복받은 믿음의 명문 가문으로 세워졌음을 믿습니다. 당신의 가문도 큰 복을 받은 믿음의 명문 가문입니다. 당신이 가정과 가문에 대해서 꿈꾸고 믿는 대로 현실에서 보게 될 것입니다. 크고 아름다운 꿈을 마음껏 꾸십시오.

감리교회의 창시자인 존 웨슬리(John Wesley, 1703-1791)는 "나는 영국의 모든 신학자보다 나의 어머니에게서 기독교에 대해 더 많이 배웠다"고 말했습니다. 나도 나의 부모님께 하나님을 경외하는 삶을 가장 많이 배웠습니다. 그리고 부모가 된 지금은 나의 자녀들에게 하나님을 경외하는 삶을 부지런히 가르치고 있습니다.

성경에는 믿음의 명문 가문과 불신앙의 가문이 많이 기록되어 있습니다. 열왕기상하, 역대상하를 보면 남유다와 북이스라엘 왕의 가문 역사를 볼 수 있습니다. 성경 곳곳에는 우리를 위해서 거울로 기록한 사람들의 이야기가 많이 등장합니다.

그중에 하나님이 1:1 비교를 통해 두 가문을 대조적으로 보여주기도 합니다. 그 가문은 바로 동일한 이름을 가진 가인 가문(에녹)과 셋 가문(에녹)입니다.

당신의 가정과 가문은 하나님을 경외하는 믿음의 명문 가문으로 기록되어야 합니다. 성경에 기록된 여러 가문들을 거울삼아 당신의 가문은 최고의 가문으로 거듭나야 합니다. 하나님의 모든 기대가 당신의 가정과 가문에 집중되어 있음을 꼭 기억하십시오.

하나님을 경외하는 영적인 아비가 되라

당신은 도망자 가인의 가문을 알고 있습니까?
자세히 살펴보면 두 명이 눈에 띄게 보입니다. 한 명은 에녹이고, 한 명은 라멕입니다. 가인은 평생 도망자로 살아야 했습니다. 그러던 중 가인은 에덴 동편 놋 땅에 거하며 아내를 얻어 자식을 낳았는데 공교롭게도 우리가 좋아하는 이름인 '에녹'입니다. 가인이 자식을 낳고 에녹이라 지었는데 성경은 한 번도 이름을 불러 주지 않습니다.

창세기의 저자인 모세는 가인의 자식 이름을 불러 주지 않습니다. 단지 가인이 그 아들의 이름으로 성의 이름을 지었으니 "에녹이라 하였더라"(창 4:17)고 기록하고 있습니다.

가인의 아들은 한 평생 예수 그리스도의 반석이 아닌 아버지가 만들어 준 임시 거처인 성에서 살았습니다. 그는 많은 적으로부터 자신을 지키며 살았습니다.

에녹 성에 살게 된 가인의 자손은 그들의 조상 아담과 하와에게 말씀하신 하나님의 약속을 듣지 못했습니다. 하나님이 그들에게 하신 약속이 무엇입니까? 그건 바로 여인의 후손이 뱀의 머리를 밟는다. 즉 뱀을 심판한다는 것이었습니다. 그러나 도망자 가인의 가문은 하나님의 예언을 이루지 못하는 가문이 되고 말았습니다.

이렇듯 믿음의 교훈으로 양육되지 않는 집안은 바로 자기 세대에 창조주와 무관한 삶을 살수 밖에 없습니다. 하나님의 사람 모세는 하나님을 믿지 않고 약속을 기다리지 않는 가인의 가문에 대해서는 나이를 기록하지 않고 있습니다.

당신은 몇 살입니까? 몇 살에 결혼해서 몇 살에 자녀를 낳았습니까? 몇 살까지 살고 싶습니까?

아무리 많은 날을 살고 아무리 인류 최초의 일(에녹성)을 한다고 할지라도 하나님 중심적이지 않는 삶은 하나님이 중요하게 생각하지 않습니다. 사람들로부터 보호받고 인류 최초의 선물을 받은 자, 하나님과 동행한 에녹과 같은 이름이라 할 찌라도 성경은 이름 불러 주지 않습니다.

당신은 아버지가 지어 준 자기 이름을 따라 지은 성에서 단지 종족 보존을 위한 자녀만 출산하고 있지는 않습니까?

영적인 아비가 되십시오. 사도 바울은 영적으로 출산한 고린도 교회를 향해 이렇게 편지하고 있습니다. "그리스도 안에서 일만 스승이 있으되 아버지는 많지 아니하니 그리스도 예수 안에서 내가 복음으로써 너희를 낳았음이라."(고전 4:15)

당신의 자녀에게 가장 안전하고 견고한 길을 가르치라

당신은 자식에 대해 족보상의 육신의 부모만 되지 말고 영적으로도 진정한 부모가 되어야 합니다. 당신의 자녀를 위해 단순히 세상 공격에서 피할 성만 쌓아 주지 말고 더 안전하고 견고한 성을 알려주어야 합니다.

당신의 자녀에게 학력의 성, 재물의 성, 명예의 성, 돈의 성을 쌓아 주기 전에 먼저 더 안전한 성(城)을 쌓아 주어야 합니다.

그곳은 바로 예수 그리스도의 반석 위에 세운 교회입니다. 거룩한 성입니다. 당신의 자녀에게 예수 그리스도를 알게 해주어야 합니다. 그들로 예수를 구주로 영접하게 해야 합니다. 거듭난 당신의 자녀에게 성령 하나님이 충만히 임재해서 책임져 주십니다.

당신이 자녀를 지켜 주지 못할 지라도 당신이 깨닫게 해 준 예수 그리스도로 인해 당신 자녀는 가장 안전하고 견고한 하나님의 보호를 받으며 일평생 행복하게 살아 갈 수 있습니다. 하나님은 당신보다 당신의 자녀를 안전하게 지켜 주십니다.

이 땅에서 당신의 자녀에게 먼저 그 심령에 하나님의 성전을 지어 주어야 합니다. 만약에 당신이 당신의 자녀에게 이 영적인 거룩한 성전을 지어 주지 않고 세상의 안전한 성을 먼저 지어 준다면 그 결과는 비참하다고 성경은 말하고 있습니다.

가인을 거울삼아 가인처럼 살지 말고 의로운 가문으로 살라

당신은 가인의 자손 중에 라멕을 알고 있습니까?

"에녹이 이랏을 낳고 이랏은 므후야엘을 낳고 므후야엘은 므드사엘을 낳고 므드사엘을 라멕을 낳았더라. 라멕이 아내들에게 이르되 아다와 씰라여 내 소리를 들으라. 라멕의 아내들이여 내 말을 들으라. 나의 창상을 인하여 내가 사람을 죽였고, 나의 상함을 인하여 소년을 죽였도다. 가인을 위하여는 벌이 칠 배일진대 라멕을 위하여는 벌이 칠십 칠 배이리로다 하였더라."(창 4:18, 23~24)

가인 이후에 인간 세상에서 잠잠하던 중에 또 비극적인 소식이 다시 가인 가문에 들리게 되었습니다. 죄는 다음과 같은 몇 가지 속성이 있다고 우리에게 말하고 있습니다.

첫째, 죄는 하나님으로부터 숨어 버리게 하는 속성이 있습니다.

둘째, 죄는 죄지은 자를 죽음의 공포에 떨게 만드는 속성이 있습니다.

셋째, 죄는 죄를 더욱 가중시키는 능력이 속성이 있습니다. 죄지은 아담과 하와의 첫 번째 행동이 하나님을 피해 숨는 것이었습니다.

첫째, 죄는 하나님으로부터 숨어 버리게 하는 속성이 있습니다.

"그들이 날이 서늘할 때에 동산에 거니시는 여호와 하나님의 음성을 듣고 아담과 그 아내가 여호와 하나님의 낯을 피하여 동산 나무 사이에 숨은지라."(창 3:8) "땅의 임금들과 왕족들과 장군들과 부자들과 강한 자들과 각 종과 자주 자가 굴과 산 바위틈에 숨어."(계 6:15)

그러나 하나님 앞에서 숨길 수 있는 것은 아무것도 없습니다. "지으신 것이 하나도 그 앞에 나타나지 않음이 없고 오직 만물이 우리를 상관하시는 자의 눈앞에 벌거벗은 것 같이 드러나느니라."(히 4:13)

둘째, 죄는 죄지은 자를 죽음의 공포에 떨게 만드는 속성이 있습니다. "산과 바위에게 이르되 우리 위에 떨어져 보좌에 앉으신 이의 낯에서와 어린양의 진노에서 우리를 가리우라."(계 6:15~16)

셋째, 죄는 죄를 더욱 가중시키는 속성이 있습니다.

"가인을 위하여는 벌이 칠 배일진대 라멕을 위하여는 벌이 칠십칠 배이리로다."(창 4:24) 겁 없이 인류 두 번째 살인을 행한 라멕의 강포는 완전한 살인 기계였습니다. 가인이 아벨을 죽인 것은 비교 의식에 의한 우발적 살인이라고 볼 수 있다면, 라멕은 자신에게 상처를 준 소년을 그냥 죽여 버렸습니다.

이후 그가 낳은 두발가인(Tubal-cain)은 할아버지 가인의 이름을 그대로 물려받아 이름을 지어 주었는데, 그는 동철과 각양 날카로운 기계를 만드는 자(창 4:22)라고 성경은 말하고 있습니다.

하나님에 대해 두려움이 없었던 라멕은 어찌 보면 살인자의 가문을 대내외에 과시하는 인생을 살았던 것 같습니다. 사람들은 자신의 가문의 치욕을 지우고 싶어 하는데 라멕은 그렇지 않았습니다. 그는 아들에게 할아버지의 이름을 넣어 이름 지어 줄 정도로 오만하고 무자비한 사람이었습니다.

어찌 보면 우리는 라멕 같은 자들과 동시대를 살아가는 것 같습니다. 분노와 미움을 품고 사랑이 식어져서 서로 간에 차마 입에 담을 수 없는 욕설과 저주를 퍼붓는 시대에 살고 있습니다. 심지어 가족 간에도 이런 일이 일어나고 있습니다.

"그 때에 많은 사람이 실족하게 되어 서로 잡아 주고 서로 미워하겠으며 거짓 선지자가 많이 일어나 많은 사람을 미혹하겠으며 불법이 성하므로 많은 사람의 사랑이 식어지리라."(마 24:10~12)

그러나 걱정하지 마십시오. 하늘에 계신 자가 비웃으십니다.(시 2:4) 하나님은 비웃으시고 다시 말씀하십니다. "내가 영을 전하노라 여호와께서 내게 이르시되 너는 내 아들이라. 오늘날 내가 너를 낳았도다. 내게 구하라 내가 열방을 유업으로 주리니 네 소유가 땅 끝까지 이르리로다. 네가 철장으로 저희를 질그릇 같이 부수리라 하시 도다."(시 2:7~9)

혹시 당신은 오늘도 세상을 바라보고 괴로워하고 있지는 않습니까? 세상을 보지 마십시오. 에녹 성을 보지 말고 라멕을 바라보지 마십시오. 세상의 뉴스, 시끄러운 소리, 요란한 소리, 사건과 사고의 소리에 귀 기울이지 마십시오.

예수님은 이 땅에 계실 때 땅의 뉴스에 관심을 두지 않았습니다. 하늘의 소식을 전하는데 관심을 두셨습니다. 그리고 예수님이 구원할 자, 살릴 자에게 관심을 두셨습니다. 이를 위해 하루하루를 살아가셨습니다.

믿음의 세계적인 명문 가문을 이루기 위해 당신은 하늘에서 전해 주는 사람을 살리는 뉴스, 영원한 복음에 귀를 기울여야 합니다. 세상의 난리와 소문을 들으며 두려워하지 마십시오. 복음의 소식이 당신의 가정과 가문을 견고하게 일으켜 세워 줄 것입니다.

"영원하신 하나님의 명을 좇아 선지자들의 글로 말미암아 모든 민족으로 믿어 순종케 하시려고 알게 하신바 그 비밀의 계시를 좇아 된 것이니 이 복음으로 너희를 능히 견고케 하실."(롬 16:26)

하나님은 당신의 가정과 가문에 큰 기대를 하신다

나는 성경을 볼 때 마다 느끼는 아이러니가 있었습니다. 창세기(Genesis)는 처음부터 끝까지 무언가 새로운 하나님의 창조 이야기가 계속 나와야 하는데 실제는 그렇지 않다는 것입니다.

중대한 우주와 땅의 창조가 창세기 1장과 2장의 분량으로 끝나

버립니다. 3장부터는 아담과 하와의 범죄가 나옵니다. 그들의 죄를 위해 한 어린양을 죽이는 장면이 나옵니다. 아담의 두 아들 가인과 아벨의 제사가 나오고 가인의 살인과 아벨의 죽음이 나옵니다. 이렇게 태어나고 죽는 생로병사가 이어지다가 창세기 마지막 50장에는 요셉의 죽음으로 끝맺음합니다.

창세기에는 하나님과 동행한 자들의 삶, 하나님께 불순종한 자들의 삶과 그들의 결말이 기록되어 있습니다. 무엇보다 세상을 향한 포기하지 않는 하나님의 사랑이 기록되어 있습니다. 모든 인생의 문제를 해결하는 예수 그리스도의 복음이 나타나 있습니다.

하나님은 천지창조 사건보다 당신의 인생 이야기에 더 큰 관심을 가지고 계십니다. 당신의 가정과 가문에 주목하고 계십니다. 당신의 믿음과 하나님을 경외하는 중심을 감찰하고 계십니다.

당신이 하나님을 사랑하고 가족을 사랑하고 이웃을 사랑하며 살아가는 일상생활을 중요하게 생각하십니다. 하나님은 당신의 가정과 가문에서 일어나는 모든 일을 불꽃같은 눈동자로 지켜보고 계십니다. 하나님의 관심은 바로 당신에게 있습니다.

어떤 경우에도 하나님을 원망하지 말라

당신은 혹시 하나님이 기도를 듣지 않았다고 해서 원망한 적이 있습니까?

내가 예전에 군대에서 사병으로 근무할 때였습니다. 연대에서

착하기로 소문난 중위와 가끔 이야기 할 때가 있었습니다. 나는 연대 군종병으로 근무했습니다. 그에게 예수님의 복음을 전하며 교회에 나오기를 권했습니다. 그러자 그는 정색하고 나에게 말했습니다.

"이봐 군종병, 나는 하나님을 믿을 수 없어. 내가 정말 좋아하던 사람이 있었는데 병원에 가게 되었어. 나는 그를 위해 정말 진심으로 기도했는데 끝내 그는 죽었지. 그래서 그 뒤로 나는 하나님을 믿지 않아. 정말로 하나님이 있었다면 그가 죽지 않았을 거야."

이 말을 듣고 참으로 안타까웠습니다. 언젠가 당신도 믿게 되기를 바란다고 하고 나는 더 이상 하나님의 사랑에 대해 이야기 해 줄 수 없었습니다.

당신의 상식과 경험을 기준으로 하나님을 판단하지 말라

많은 사람들이 자신이 정한 기준으로 하나님을 생각합니다. 내가 기도한 것은 다른 사람보다 빨리 응답 받아야 하고, 내가 이렇게 열심히 하나님을 섬겼는데 저 사람보다 뭐가 부족해서 이러시나, 내가 원하면 무조건 죽은 사람이 살아나야 하고 그게 안 되면 하나님은 안 계신다고 단정 짓습니다.

만약 하나님이 계시더라도 내 기도에 응답하지 않는 하나님은 믿지 않겠다고 완강히 거부합니다. 사람들은 제한된 자기 생각과 지식과 경험으로 하나님에 대해 나름대로 위험한 판단을 합니다.

절대로 하나님이 없다거나 하나님을 믿지 않겠다는 극단적인 말은 하면 안 됩니다. 때로는 기도 응답하지 않는 것이 응답일 때도 있습니다. 인간적인 생각으로는 모든 사람이 기도대로 살고 죽지 않기를 바라겠지만 모든 것을 사람의 뜻대로 정할 수는 없습니다.

살고 죽는 것은 하나님께 속한 고유한 권한입니다. 그러나 이 땅에 살아 있는 동안에 당신이 행복을 누리며 살 수 있도록 하나님께서 큰 은혜와 사랑으로 필요한 모든 것을 다 이루어 놓으셨습니다.

당신 자산이 예수님의 가장 큰 기도 응답이다

가장 중요한 것은 그 무엇과도, 그 누구와도 바꿀 수 없는 당신 자신입니다. 당신의 존재 자체가 예수님의 기도 응답입니다. 당신 자신이 예수님의 기도 응답의 결정체입니다.

죄인이었던 당신이 예수님의 기도 응답으로 의인이 되게 하셨습니다. 목마르고 병들었던 당신이 예수님의 기도 응답으로 성령 충만하고 건강하게 되었습니다. 어리석은 당신이 예수님의 기도 응답으로 지혜롭게 되었습니다. 징계와 죽음으로 어둠에 갇혔던 당신이 예수님의 기도 응답으로 평화와 영생을 누리는 자가 되었습니다.

"세상 중에서 내게 주신 사람들에게 내가 아버지의 이름을 나타내었나이다. 그들은 아버지의 것이었는데 내게 주셨으며 그들은 아버지의 말씀을 지키었나이다."(요 17:6)

"아버지여, 아버지께서 내 안에 내가 아버지 안에 있는 것 같이 그들도 다 하나가 되어 우리 안에 있게 하사 세상으로 아버지께서 나를 보내신 것을 믿게 하옵소서."(요 17:21)

예수님은 피 흘리며 목숨 바쳐 낳은 당신을 자랑스럽게 여기십니다. 당신이 이 땅에서 가장 행복한 가정과 믿음의 명문 가문을 이루고 살기를 원하십니다. 하나님이 독생자 아들과 함께 모든 좋은 것을 다 주시면서 당신의 가정과 가문을 일으키기 원하십니다. 세상 무엇과도 바꿀 수 없는 당신의 인생을 소중히 여기십시오. 당신의 가정을 소중히 여기십시오.

당신 자신을 소중히 여기고 당신의 가정과 가문을 세상에서 가장 행복한 믿음의 명문 가문으로 세우는 것이 이웃을 위해서 착한 일을 하는 첫걸음입니다.

다른 사람의 아픔을 위로하는 것보다 더 중요한 것은 적극적으로 당신이 가장 행복한 사람이 되는 것입니다. 당신이 먼저 행복의 본이 되십시오. 그래야 당신의 그 행복한 모습을 보고 불행한 사람도 힘을 얻을 수 있습니다. 진정으로 아픔을 겪는 사람을 돕는 지름길입니다.

다른 사람의 아픔과 슬픔을 위로해 주는 것도 필요합니다. 하지만 더욱 중요한 것은 당신이 먼저 행복한 믿음의 사람, 행복한 믿음의 가정으로 세워지는 것임을 꼭 기억하십시오.

하나님에 대한 오해를 풀면 당신의 인생도 풀린다

성경에는 달란트 비유가 나옵니다. 주인이 세 명의 종에게 각각 다섯 달란트, 두 달란트, 한 달란트를 맡기고 먼 타국으로 떠났습니다.

주인이 떠나자 다섯 달란트(45~60억)를 받은 종은 바로 가서 장사를 하고 두 배의 이익을 남겼습니다. 이를 지켜보던 두 달란트(20~30억) 가진 종은 다섯 달란트 가진 종이 가서 장사하는 것을 보고 그대로 해서 똑같이 두 배의 이익을 남겼습니다.

그러나 한 달란트 가진 자는 다섯 달란트 가진 종이 가서 장사하는 것을 보고 배울 생각도 하지 않았습니다. 자신의 방법도 없었고 단지 그 주인에 대한 잘못된 인식만이 있었습니다.

"한 달란트 받았던 자는 와서 이르되 주인이여 당신은 굳은 사람이라 심지 않은 데서 거두고 헤치지 않은 데서 모으는 줄을 내가 알았으므로."(마 25:24)

현대인의 성경을 보면 더 적나라하게 표현이 되어 있습니다.

"그런데 한 달란트 받은 사람은 와서 주인님 나는 주인님이 아무 수고도 하지 않고 남이 심고 뿌려 놓은 것을 거둬들이는 지독한 분이라고 알았습니다."(마 25:24)

마지막 때에 주인이 다시 돌아와서 아무 이윤을 남기지 않은 한 달란트(15~20억) 가진 종을 책망하십니다. 한 달란트 받았던 종은 뒤늦게 주인에게 말해 봐야 아무 소용이 없었습니다. 그는 결국 주인의 집에서 쫓겨나 바깥 어두운 곳에 갇혔습니다.

만약 당신도 한 달란트 받았던 종과 같은 논리를 갖고 있다면 당신은 주인이신 하나님에 대한 오해를 풀어야 합니다. 당신의 제한

된 경험과 지식으로 광대한 하나님을 다 알 수 없습니다. 당신의 편견과 선입견으로 하나님을 다 안다고 생각하고 판단하는 것은 큰 오만입니다.

당신의 주인이신 하나님은 당신의 생각과 마음을 만드신 분입니다. 그러므로 당신의 생각에 하나님을 굴복시키려 하지 말고 당신의 모든 생각을 사로잡아 하나님께 굴복시켜야 합니다.

"하나님 아는 것을 대적하여 높아진 것을 다 무너뜨리고 모든 생각을 사로잡아 그리스도에게 복종하게 하니."(고후 10:5)

당신의 주인이신 하나님에 대한 편견과 오해를 하면서 고집스럽게 살아가는 것은 큰 손실입니다. 겸손한 마음으로 하나님을 알아가야 합니다. 하나님에 대한 잘못된 선입견과 오해를 풀면 당신의 마음과 인생도 풀리게 됩니다.

약속은 한 번도 어기지 말고 용서는 일흔 번씩 일곱 번 하라

당신은 약속을 잘 지키는 사람입니까? 약속을 지키지 않는 사람에 대해서는 어떻게 처신하고 있습니까?

인간관계와 자기 계발 분야의 유능한 컨설턴트인 데일 카네기(Dale Carnegie, 1888-1955)는 "아무리 보잘 것 없는 것이라도 한 번 약속한 일은 상대방이 감탄할 정도로 정확하게 지켜야 한다. 신용과 체면도 중요하지만 약속을 어기면 그만큼 서로의 믿음이 약해진다. 그러므로 약속은 꼭 지켜야 한다"고 했습니다.

나도 약속을 잘 지킵니다. 내가 약속한 것은 끝까지 지킵니다. 다른 사람이 나와 약속을 했을 때는 그 사람이 약속을 지킬 때 까지 기다립니다. 하지만 무한정 기다리는 것은 아닙니다. 그 약속을 지킬 기회를 몇 번 줍니다. 그래도 그가 약속을 계속 어기면 약속을 지킬 생각이 없는 것으로 알고 뒤도 돌아보지 않고 관계를 정리합니다. 그에게 더 이상 시간을 빼앗기지 않습니다.

그 사람을 용서하지만 동역자나 사업 파트너로서는 함께 할 수 없습니다. 당신도 당신과의 약속을 지키지 않고 가볍게 여기는 사람과는 관계를 과감히 정리해야 합니다. 그것이 세월을 아끼는 길입니다. 잘못된 관계는 서로의 힘과 돈과 시간을 빼앗아 갑니다. 발전이 없습니다. 과감하게 정리하십시오.

하지만 상대방이 잘못을 뉘우치고 용서를 빌면 일흔 번씩 일곱 번이라도 용서해 주라고 하셨습니다. 사람은 할 수 없지만 하나님의 사랑을 받은 자는 그를 힘입어 용서할 수 있습니다. 나도 이해할 수 없는 수많은 사람들을 용서했습니다. 나에게 피해를 주고 모욕을 주었던 모든 사람들을 용서했습니다.

"그 때에 베드로가 나아와 이르되 주여 형제가 내게 죄를 범하면 몇 번이나 용서하여 주리이까 일곱 번까지 하오리이까? 예수께서 이르시되 네게 이르노니 일곱 번뿐 아니라 일곱 번을 일흔 번까지라도 할지니라."(마 18:21~22)

돈 약속을 지키지 않는 자들을 차단하라

모든 약속은 잘 지켜야 합니다. 그런데 특별히 돈 약속의 경우에는 더욱 신용을 지켜야 합니다. 당신이 누군가에게서 돈을 빌렸으면 갚아야 합니다. 누군가 당신에게 돈을 빌렸으면 갚으라고 해야 합니다.

그것은 감정적으로 용서해 주는 것과는 다른 문제입니다. 물론 약속을 어긴 상대방을 미워하지는 않습니다. 그 실수는 용서합니다. 하지만 약속은 서로 간의 신뢰의 문제입니다. 특히 돈 거래에서 약속이 지켜지지 않으면 관계를 정리해야 합니다.

만약 당신에게 돈을 빌려 가고 갚지 않는 사람이 있습니까? 그에게 갚으라고 명해야 합니다. 돈을 갚지 않는 사람들은 돈을 빌려 갈 때는 재빠르게 전화하고 연락합니다. 하지만 돈을 갚을 때는 차일피일 미루고 전화도 잘 받지 않습니다. 느릿느릿 핑계만 대고 적극적으로 갚으려고 하지 않습니다. 이런 사람들과는 절대로 돈거래를 하지 마십시오.

가능하면 주위에서 어렵다고 손을 벌리는 사람들과 돈거래를 하지 마십시오. 돈 버는 지혜를 가르쳐 주십시오. 꼭 해야 한다면 성령님께 묻고 진행해야 합니다. 성령님의 허락이 없이 돈거래를 하면 대부분 상대방과의 관계는 끊어지고 돈도 잃게 됩니다.

그의 사정을 듣고 마음이 흔들리면 안 됩니다. 반드시 성령님의 음성을 듣고 움직여야 합니다. 만약 당신이 상대방의 하소연하는 말만 듣고 돈을 빌려 주었다가 끝내 빌려준 것을 받지 못할 때 하나님을 원망하면 안 됩니다.

혹시 이미 친척이나 이웃에게 돈을 꾸어 주고 받지 못해서 상심

해 있습니까? 그 사람이 어떻게 나에게 그럴 수 있을까?라고 생각하면서 아픈 마음을 달래고 있습니까?

나도 그런 일이 몇 번 있었습니다. 하지만 나는 그때 조금도 흔들리지 않았습니다. 현재 돈을 잃은 상황보다 더 중요한 것은 하나님의 성전인 나의 몸과 마음을 지키는 것입니다. 그래서 나는 마음과 생각을 굳건히 지키고 하나님께서 모든 일을 합력하여 선을 이루신다는 것을 믿었습니다.

당신도 나처럼 잃은 돈보다 중요한 당신의 마음과 생각을 지키십시오. 그러면 결국 다 찾게 됩니다. 생각지 못한 방법으로 하나님께서 일하셔서 더 잘되게 하십니다. 하나님을 믿음으로 마음을 지키십시오. 이것이 가장 중요합니다.

당신의 존재를 돈과 바꾸는 사람들 때문에 마음 아파하지 마십시오. 사람들이 당신에게 함부로 하지 못하도록 거리를 유지하십시오. 당신을 이용해서 돈 몇 푼 얻으려고 하는 사람들을 다 차단하십시오. 과감하게 관계를 정리하십시오. 하나님께서 당신에게 필요한 더 귀하고 좋은 사람들을 만나게 해주십니다.

당신은 돈 몇 십만 원, 몇 백만 원, 몇 천만 원, 몇 억, 몇 십억, 몇 백억 때문에 울고불고 하며 주저앉아야 할 정도의 사람이 아닙니다. 당신은 600조 원이 넘는 가치를 지닌 사람입니다. 당신의 가치를 스스로 먼저 인정하고 그에 걸맞게 행동하십시오.

꿈과 소원이 이루어 졌다고 믿고 지금 믿음으로 행하라

당신은 하나님의 약속을 받은 적이 있습니까? 나는 하나님의 축복의 약속을 받은 것이 많습니다. 그 중의 하나는 온 세계에 복음을 전하는데 사용하신다는 것과 사람의 상상을 뛰어넘는 큰 부를 주신다는 것입니다. 이 약속을 받은 나는 어떻게 하고 있을까요?

어차피 하나님이 약속하셨으니까 가만히 집에 누워 아무것도 하지 않고 있을까요? 물론 나는 쉬면서도, 잠을 자면서도 복을 받습니다.

하지만 약속을 받은 자답게 내가 움직이고 행할 부분이 있습니다. 나는 지금 책을 쓰고 있습니다. 계속 자판을 두드리면서 책을 씁니다. 온 세계에 복음을 전하는 귀한 도구이기 때문입니다. 그리고 성령님의 인도를 따라 사업을 합니다. 어마어마한 부를 약속하셨지만 성령님의 인도를 따라 믿음으로 사업을 진행하고 일을 합니다.

하나님은 아담과 하와에게도 약속하셨습니다. 네 자손이 뱀의 머리를 밟아 원수 갚아 주겠다고 하셨습니다. 그런데 모든 꿈을 이뤄 줄 장손인 가인은 자신보다 의로운 동생을 죽여 평생 도망자가 되었습니다.

이제 아담과 하와는 자손이 없었습니다. 그들은 하나님의 약속을 지키기 위해 자식을 다시 낳아야 했습니다. 그런데 그들은 1, 2년, 10년, 20년이 지나도록 에덴동산에 있던 것처럼 아담과 하와 둘만 생활하였습니다.

가인은 도망 다니는 중에도 자식을 낳았습니다. 그런데 아담과 하와는 다시 자녀를 낳지 않았습니다. 하나님의 약속을 이루기 위해 아담과 하와가 자식을 다시 낳아야 하는 것처럼 하나님께서 당신에게 하신 약속을 위해 당신이 해야만 하는 일들이 있습니다.

하나님이 당신의 약속을 지키지 않았다고 투덜거리지 말고 하나님의 약속을 이루기 위해 당신이 해야 할 일들을 찾아보기 바랍니다. 그래야 하나님의 약속이 당신에게 이뤄집니다.

세월이 흘러 수십 년 아니 백년이 지나 아담과 하와는 다시금 하나님의 약속을 기억합니다. 그제야 하나님의 약속이 이뤄지기 위해 그들은 자녀가 필요하다는 것을 알게 되었습니다. 마침내 100여 년 만에 첫째 같은 셋째 아들을 낳았습니다. 믿음으로 자녀를 낳고 모든 것이 회복되었습니다.

자녀에게 최고의 이름을 지어 주어야 한다

"아담이 일백 삼십 세에 자기 모양 곧 자기 형상과 같은 아들을 낳아 이름을 셋(Seth)이라 하였고."(창 5:3)

아담은 오랜 시간이 흐른 후 드디어 하와를 통해 아이를 낳고 '택함 받은 자'를 낳았습니다. 아담과 하와는 셋째 아들이야 말로 하나님의 택함을 받아 하나님의 뜻을 이룰 자라고 믿었습니다. 하나님의 약속을 이룰 자녀를 낳게 되자 믿음으로 자녀의 이름을 지어 주었습니다. 에덴동산에서 온갖 동물의 이름 지어 주던 아담으로 회복되었습니다.

당신도 결혼하여 자식을 낳아 하나님의 택함을 받은 자녀를 출산하기 바랍니다. 그리고 복음을 전해 수많은 영적인 자녀들을 낳아야 합니다. 그 영혼들의 이름을 '잃어버린 자' '방황하는 자(골리앗)'에서 '택함 받은 자'로 바꿔 주어야 합니다.

부모가 아니면 자식의 이름을 지어 주거나 바꿀 수 없습니다. 올바른 이름을 지어서 당신의 자녀들이 세계적인 지도자로 하나님의 영광을 드러내며 살도록 해 주어야 합니다. 하나님은 이미 약속하셨습니다. 하나님을 경외하는 당신의 가문에 천대까지 복을 주실 것입니다.

나는 진정한 명문 가문을 세웠다

당신의 가문은 명문 가문입니까?

나는 명문 가문의 일원입니다. 문화 류 씨 송곡공파의 장손 집안입니다. 증조부는 일제 강점기에 대한제국의 독립을 위해 만주에서 독립운동을 하셨고 일본군에 의해 체포되어 옥살이 하시다 돌아가신 류경환 님입니다. 할아버지는 대한민국의 민주화를 위해 활동하신 청하 류한종 님입니다.

아버지는 대구와 한국 그리고 세계를 복음화하기 위해 한평생 충성 봉사하신 믿음의 류정수 장로님입니다. 나는 독립운동가의 독립유공자 자손보다, 민주화 운동에 앞장서신 분의 자손인 것보다 믿음의 자손인 것을 더 크게 감사합니다.

이제 나는 한국을 복음화하고 세계 선교를 하기 위해 온전한 은혜의 복음을 전하고 있습니다. 저술과 강연을 통해 온 세상에 그리스도의 복음을 전하고 있습니다. 하나님을 경외하고 온전한 은혜의 복음을 전하는 나의 가정과 가문은 이미 명문 가문입니다.

아담과 하와는 자신의 첫아들 가인을 떠나보내고 오랜 세월이 지나 다시 자녀를 낳았습니다. 기르고 하나님과의 약속을 기억하며 그 자녀의 셋(Seth)이라고 이름을 지었습니다. 이 믿음의 아들 셋(Seth)도 뱀의 머리를 밟지는 못했습니다. 비록 셋(Seth)이 뱀의 머리를 밟지는 못했지만 과연 그러했을까요? 그의 출생을 기점으로 사람들이 비로소 여호와의 이름을 부르기 시작했습니다.

아무리 명문 가문이라도 인간의 근본적인 문제를 해결할 수 없다

아담과 하와는 뱀의 머리를 밟을 자식을 얻는데 집중했습니다. 그런데 이 아들들은 뱀의 머리를 밟지 못했습니다.

첫째 가인, 형에게 죽임 당한 아벨, 막내 셋 이들은 다 약속을 성취하지 못했습니다. 셋(Seth)이 태어나자 사람들은 아담의 가문에 집중하기보다 하나님에게 집중하기 시작했습니다.

뱀의 머리를 밟아 인류의 죄를 해결해 주기 위해 사람들은 아담의 가문을 지켜보다가 이제는 사람의 가문에 집중하지 않았습니다. 이 문제를 해결해 주실 분은 하나님이신 것을 마침내 깨달았기 때문입니다.

그렇습니다. 아담의 아들 사람의 아들로는 동물 뱀의 머리를 밟을 수 있습니다. 아니 뜯어 먹어 버릴 수도 있습니다. 그러나 사람의 아들은 뱀에게 들어가 간사하게 사람을 유혹한 사단을 이길 수 없습니다.

세상은 이제 사람의 가문을 의지하지 않게 되었습니다. 130년 만에 사람들은 아담의 아들 셋(Seth)이 형들과 똑같이 핏덩이로 태어나자 이들은 하나님의 이름을 부르기 시작했습니다.

이 땅의 모든 문제를 해결할 분은 하나님 밖에 없다는 것입니다. 당신은 어떻습니까? 아직도 재벌 가문이 당신의 문제를 해결할 수 있다고 생각하십니까? 정치적으로 유명한 가문이 당신과 인류의 문제를 해결할 수 있습니까? 아직도 그렇게 믿고 있습니까?

당신이 당하는 인간적인 문제의 일부분은 사람이 해결해 줄 수 있습니다. 하지만 사람의 죄 문제는 하나님이 직접 개입해야 해결할 수 있는 것입니다. 당신의 많은 문제는 영적인 문제가 해결되면 다 해결되는 것들입니다.

당신의 모든 문제를 해결할 유일한 대안은 예수 그리스도다

지금 당신은 어떤 문제를 갖고 있습니까? 그 문제를 해결하기 위해 무엇을 하고 있습니까? 당신 속에 영으로 충만하게 계시는 성령님의 이름을 불러 보기 바랍니다.

"사랑하는 성령님, 감사합니다."

"사랑하는 성령님, 행복합니다."

"내 모든 문제를 아시고 이미 해결해 주신 것을 믿습니다."

"내 영과 혼과 몸을 온전히 복음 안에 새롭게 하시고 형통하게 하신 것을 믿습니다."

나는 세상의 가문을 기대하지 않습니다. 나는 세상이 내 문제를 해결해 줄 것이라 믿지 않습니다. 내 모든 영육 간의 문제는 성령 하나님께서 해결해 주실 것을 믿습니다.

"내가 산을 향하여 눈을 들리라 나의 도움이 어디서 올까. 나의 도움은 천지를 지으신 여호와에게서로다. 여호와께서 너를 실족하지 아니하게 하시며 너를 지키시는 이가 졸지 아니하시리로다. 이스라엘을 지키시는 이는 졸지도 아니하시고 주무시지도 아니하시리로다. 여호와는 너를 지키시는 이시라 여호와께서 네 오른쪽에서 네 그늘이 되시나니 낮의 해가 너를 상하게 하지 아니하며 밤의 달도 너를 해치지 아니하리로다. 여호와께서 너를 지켜 모든 환난을 면하게 하시며 또 네 영혼을 지키시리로다. 여호와께서 너의 출입을 지금부터 영원까지 지키시리로다."(시 121편)

하나님을 아바 아버지라 부르는 행복을 누리라

하나님은 자기 백성 이스라엘 민족을 구원하기 위해 모세를 부르셨습니다. 미디안 들판 호렙산 가시떨기 나무에서 타지 않는 불 가운데서 모세를 부르시고 그를 통해 이스라엘 자손을 애굽에서 인도하여 낼 것이라는 계획을 말씀하셨습니다. 그러자 모세는 하나님의 이름이 무엇이냐고 묻습니다.

이때 하나님께서는 이렇게 대답하십니다.

"나는 스스로 있는 자니라(I AM THAT I AM), 또 이르시기를 너는 이스라엘 자손에게 이같이 이르기를 스스로 있는 자(I AM THAT I AM)가 나를 너희에게 보내셨다 하라."(출 3:14)

성령 하나님이 모세를 감동시켜 창세기를 쓰게 하면서 이 글을 읽는 사람들이 어떻게 행하기를 진정으로 원하셨을까요? 그것은 바로 하나님의 이름을 불러 주기를 바라셨습니다.

"아버지 하나님, 내 꿈을 이뤄 주신 하나님, 거룩하신 하나님, 창조자 구원자 되신 하나님 아버지, 사랑하는 하나님, 사랑하는 예수님, 사랑하는 성령님 기쁘고 감사합니다."

나는 지금 9개월 된 쌍둥이 아들을 키우고 있습니다. 이제 막 기어 다니고 이유식도 하고 젖니가 나서 옹알이를 하고 있습니다. 아내와 나는 쌍둥이 아들이 옹알이 할 때 귀를 기울입니다.

내가 무엇을 듣기 위해 귀를 기울일까요? 이 아이들이 옹알옹알거리다가 아빠와 엄마를 부를 때입니다. 대화가 아닙니다. 이 한 단어를 들으면 쌍둥이들을 돌보느라 잠이 턱없이 모자라서 생겼던 피로가 싹 가십니다.

기어 다니다가 머리가 부딪혀서 울고, 배고파서 울고, 잠이 와서 보채는 쌍둥이들을 돌보느라 시간이 어떻게 지나가는지 모를 정도입니다. 그래도 입을 삐죽이며 서툰 발음으로 아빠와 엄마를 부르면 어느덧 웃음이 터져 나옵니다.

아내와 나는 서로 엄마, 아빠를 먼저 불러 달라고 합니다. 부모가 어린 아가에게 바라는 것은 그저 건강하게 잘 자라 주는 것입니다. 그런데 서툰 발음으로 아빠, 엄마까지 불러 주면 아이로서 할 일은 다 한 것입니다.

당신도 모든 근심과 걱정을 내려놓고 하나님을 아바 아버지라 불러 보십시오. 당신을 창세전부터 아시고 만드신 영원한 아버지이신 하나님께서 기쁨을 이기지 못하실 것입니다. 당신도 하나님과 함께 한없이 행복할 것입니다.

"너희는 다시 무서워하는 종의 영을 받지 아니하였고 양자의 영을 받았으므로 아바 아버지라 부르짖느니라."(롬 8:15)

"너의 하나님 여호와가 너의 가운데에 계시니 그는 구원을 베푸실 전능자이시라. 그가 너로 말미암아 기쁨을 이기지 못하시며 너를 잠잠히 사랑하시며 너로 말미암아 즐거이 부르며 기뻐하시리라 하리라."(습 3:17)

당신은 하나님을 친아버지로 모신 신의 가문이다

아담의 셋째 아들 셋은 믿음의 장자이자 하나님의 택함을 받은 자였습니다. 셋은 아버지 아담과 어머니 하와로부터 중요한 메시지를 들었습니다. 그것은 아담의 아버지는 사람이 아니라 여호와 하나님이라는 사실입니다.

라멕은 그 할아버지 가인을 기억하였고 그처럼 사람 죽이는 것을 자랑으로 삼았습니다. 첫 사람 아담은 믿음의 아들 셋에게 동물

이름 짓는 것을 알려 주지 않았습니다.

자기 둘째 형 아벨이 어떤 사람이었고, 첫째 형 가인이 어떻게 둘째 형을 죽였는지 등을 알려 주지 않았습니다. 아담은 아마도 셋째 아들 셋에게 이렇게 교육을 해 주었을 겁니다.

"나와 너의 어머니 하와는 너나 너의 형제들처럼 사람의 몸에서 태어나지 않았단다. 하나님이 나를 흙으로 빚으셔서 내 코에 하나님의 생기를 불어 넣어서 사람이 되었단다. 너의 어머니는 하나님께서 이 아빠를 깊이 잠들게 하시고 갈비뼈를 빼내어 만들어 주셨단다. 아빠와 엄마의 부모님은 사람이 아니란다. 네가 비록 엄마의 몸에서 태어났지만 우리는 사람의 자손이 아닌 하나님의 창조하신 자들이란다. 저기 들에 있는 각종 짐승들과 공중에 있는 새들과 다르단다. 우리는 신의 자녀란다. 그분의 이름은 '여호와, 스스로 계시는 분'이란다."

당신은 진정 스스로 계시는 자 여호와의 자녀입니까? 거짓의 아비 살인자의 아비입니까? 스스로 계시는 알파와 오메가 되시는 하나님 이름을 송축하시기 바랍니다. 하나님은 당신의 친아버지이시고 당신의 가문은 신의 가문입니다.

이후 아담의 셋째 아들 셋은 105세에 에노스를 낳았고, 에노스는 90세에 게난을 낳았고, 게난은 70세 마할랄렐을 낳았고, 마할랄렐은 65세에 야렛을 낳았고, 야렛은 162세에 에녹을 낳았고, 에녹은 65세에 므두셀라를 낳았고, 300년간 하나님과 동행하였고 므두셀라는 187세에 마렉을 낳았고, 라멕은 182세에 노아를 낳았고, 노아는 500세에 셈과 함과 야벳을 낳았습니다. (창 5장)

아담 이후 야렛(Jared. 낮아진 자)까지 출산하는 나이가 점점 줄어가다가 특이하게 야렛은 에녹을 162세에 낳았다고 기록하고 있습니다.

당신은 결혼하고 아이를 바로 출산했습니까?

나는 결혼 후 바로 군대생활을 한 후 제대 후 동업을 시작하느라 첫째의 출산이 늦었습니다. 정작 나와 아내 그리고 장손을 보고 싶어 하시는 아버님과 어머님은 의외로 아무렇지도 않았는데, 주변에서 여러 우려의 말씀들을 많이 하셨습니다. 나는 이런 상상을 해봅니다.

야렛이 65세 아버지 마할랄렐에게 묻습니다.

"아버지께서는 나를 몇 살에 낳으셨나요?"

"네 나이 때 너를 낳았단다."

야렛이 70세가 되어 아기가 없자 할아버지 게난에게 묻습니다.

"할아버지는 아버지 언제 낳으셨나요?"

"네 나이 때 네 아버지 낳았단다."

이렇게 시간이 흘러 105세 되던 해에 야렛은 드디어 1대 조 할아버지 아담에게 묻습니다.

"아담 할아버지는 언제 2대조 셋 할아버지를 낳으셨습니까?"

"네 나이 때에 낳았단다."

110세, 120세, 130세, 140세, 150세, 160세, 아무런 소식도 없었습니다. 아마도 정상적으로 출산했다면 3대가 더 생겨야 합니다. 그런데 그는 원망과 불평을 하지 않고 조급함 없이 기다렸습니다. 아내도 기다렸습니다.

야렛에게 아이가 없다는 것은 출산을 못하는 것으로 끝나는 단순한 문제가 아닙니다. 뱀의 머리를 밟을 영원한 왕이신 메시아 예수 그리스도의 출현이 끝나게 되는 겁니다. 야렛은 인류의 조상 아담보다도 더 나이가 들었어도 아이를 갖지 못하였습니다.

야렛의 아내는 아브라함의 아내 사라처럼 몸종을 통해 아이를 출산할 생각이 없었습니다. 또한, 사무엘의 어머니 한나처럼 자식이 없음을 인하여 여호와께 울부짖으며 구하지 않았습니다. 야렛과 그의 아내는 그저 기다렸습니다. 자식 얻기만을 기도하면서 기다렸습니다. 꿈에 그리던 자녀를 162세에 출산했습니다.

부모라면 반드시 자녀에게 신앙 교육을 시켜야 한다

드디어 야렛은 그토록 기다리던 자식을 얻게 되었습니다. 그는 자식의 이름을 '에녹(Enoch)'이라고 지었습니다. 가인이 이 낳은 자와 같은 에녹, 그의 이름이 무엇을 알려 주나요?

그의 이름은 '봉헌된 자' '새로운 시작'입니다. 그는 태어나자마자 가인처럼 성을 짓지 않고 하나님과 동행하는 삶을 살 수 있도록 신앙적인 교육을 해주었습니다.

"너는 가인의 아들 에녹이 아니라 야렛 아들 에녹이란다. 아들아, 아버지 야렛은 '내려가는 자'라는 삶을 살았단다. 네가 오랜 세월 동안 이 땅에 태어나지 않자 나는 점점 더 낮아질 수밖에 없었단다. 그러나 아빠가 낮아진 것은 너를 낳기까지 하나님 앞에서 마음이 낮아졌단다. 나는 하나님 앞에서 낮아진 삶을 살았다면 이제 너 에녹의 세대는 올라가는 삶을 살아라. 내가 너를 가장 높으신 하나님께 올려 드린다. 너는 이제 세상에서 낮아지지 말고 하나님과 가까이 하여 새로운 삶을 시작하기 바란다. 이제부터 하나님과 함께 살아야 한다"고 가르쳐 주었습니다.

야렛은 가인의 전철을 밟지 않았습니다. 인류의 최초 조상인 아담보다도 늦게 낳은 아들을 가인과 같이 굳건한 성을 쌓아 사람들로부터 격리시키지 않았습니다.

오히려 더 강력한 산성 되시는 하나님의 품에 거하게 하여, 영적인 신앙의 울타리를 쳐서 세상의 성벽이 아닌 하나님의 보호하심을 얻게 해 주었습니다.

죽음을 맛보지 않은 에녹처럼 당신도 그렇게 살 수 있다

당신은 에녹에 대해서 알고 있습니까?

에녹. 그는 하나님께 드린바 된 최초의 인간입니다. 에녹은 할아버지가 아버지를 낳으셨던 65세에 아이를 낳게 됩니다. 에녹 아들의 이름은 '므두셀라(Methuselah)'입니다.

에녹은 알았습니다. 아버지의 기도만으로는 하나님과 계속 동행할 수 없음을 알았습니다. 하나님은 그가 낳은 첫째 아이의 이름에 대해 마음에 감동을 주었습니다.

하나님은 마치 "네 아들은 창을 던지는 자란다. 성문 앞에서 창을 던지는 자가 죽으면 그 성에는 심판이 온단다"라고 말씀하시면서 이 땅에 경고하셨습니다.

므두셀라는 '창던지는 자'였습니다. 저가 죽으면 심판이 오리라고 하였습니다. 실제로 므두셀라가 죽은 969세는 노아가 600세 되는 해에 심판이 있었습니다.

에녹의 아버지 야렛은 '하나님 앞에서 자기를 낮춘다'라는 이름 뜻이 있습니다. 아버지 야렛은 에녹을 낳고 '하나님께 드린바 되었다'라는 이름을 지어 주었습니다. 에녹은 므두셀라를 낳고 '네가 죽으면 심판이 온다'는 이름 뜻을 지어 주었습니다.

어떻게 하나님과 동행 안 할 수 있겠습니까? 그 결과가 어떻게 되었을까요? 에녹은 야렛의 간절한 기도대로 야렛이 살아 있을 동안 하나님이 데려가십니다. 에녹은 최초로 죽음을 맛보지 않고 데려감을 당한 사람이 되었습니다.

당신은 하나님과 300년 동행했던 에녹이 부럽습니까? 죽음을 맛보지 않고 죽음의 고통 없이 하늘로 올라가는 경험을 하고 싶습니까? 가능합니다.

당신 안에 그리스도의 영이신 성령님이 실제로 살아서 숨 쉬고 계십니다. 그분은 사망을 삼키고 이긴 영원한 생명 자체이십니다.

"나는 부활이요 생명이니 나를 믿는 자는 죽어도 살겠고 무릇 살아서 나를 믿는 자는 영원히 죽지 아니하리니 이것을 네가 믿느냐?"(요 11:25~26)

나도 에녹처럼 죽음을 맛보지 않고 거룩하게 부활의 몸을 덧입을 것을 믿음으로 바라보고 있습니다. 믿음의 명문가의 자녀들은 살아서 영원한 생명이신 예수 그리스도를 믿도록 당신의 가르쳐야 합니다. 나는 아이들에게 예수그리스도의 은혜의 복음과 성경에 나오는 믿음의 선진들의 이야기, 나의 삶과 깨달음을 부지런히 가르칩니다.

당신도 에녹을 부러워하지만 말고 에녹처럼 죽음을 맛보지 않고 부활의 몸을 덧입을 것을 꿈꾸고 믿기 바랍니다.

"보라, 내가 너희에게 비밀을 말하노니 우리가 다 잠잘 것이 아니요 마지막 나팔에 순식간에 홀연히 다 변화되리니 나팔 소리가 나매 죽은 자들이 썩지 아니할 것으로 다시 살아나고 우리도 변화되리라. 이 썩을 것이 반드시 썩지 아니할 것을 입겠고 이 죽을 것이 죽지 아니함을 입을 때에는 입으리로다. 이 썩을 것이 썩지 아니함을 입고 이 죽을 것이 죽지 아니함을 입을 때에는 사망을 삼키고 이기리라고 기록된 말씀이 이루어지리라."(고전 15:51~54)

나를 보면 하나님이 살아 계시고 함께하신다는 것을 믿게 된다

당신과 당신의 가문은 어떤 삶을 살고 있습니까? 당신은 므두셀라처럼 세상에 대해 경고하는 삶을 살고 있습니까? 에녹처럼 하나님과 동행하십니까? 당신을 보면서 세상 사람들이 하나님이 살아 계시다는 것과 함께하신다는 것을 믿고 있습니까?

나 류근영을 통해 하나님이 살아 계신 것과 함께하신다는 것을 증거합니다. 내 삶과 깨달음을 통해서 하나님께 영광을 돌리고 하나님을 알지 못하는 세상을 향해 살아 계신 하나님을 알려줍니다. 온전한 은혜의 복음을 증거합니다. 진정한 행복과 형통의 비결을 알려줍니다.

"류근영, 네게 주신 복을 보면 하나님이 네게 복을 쏟아 부어 주시는지 알겠어."

"류근영, 네가 잘되는 것 보면 네 영혼도 잘되고 범사에 잘되는 것이 무엇인지 알겠어."

"류근영, 네가 죽으면 이 땅의 정의는 끝난 거야."

"류근영, 네가 죽으면 이 세상도 끝날 것 같아."

이런 말을 당신을 아는 세상 사람들에게 들으면서 살아야 합니다. 나는 그렇게 살고 있습니다.

당신이 살아 있는 동안 세상을 향해 하나님의 축복을 증거하고, 죽음에 이르렀을 때 세상에 대해 하나님의 심판이 온다고 말할 수 있습니까? 당신이 이 세상에 존재함으로 인해 우리에게 얼마나 큰 기쁨이 되는지……. 나와 당신은 세상에 존재하는 것만으로도 큰 기쁨입니다. 당신을 축복합니다.

나는 세계에서 가장 비싼 몸값을 가지고 있다

　당신은 자신의 몸값이 얼마인지 생각해 본적이 있습니까? 당신의 얼굴, 손과 발은 얼마 정도의 가치가 있을까요? 당신의 어떤 발을 가지고 있습니까?

　나의 몸값은 천하보다 귀합니다. 나의 발만 값을 계산해도 어마어마한 가치가 있습니다. 나는 운전하기에 최적화된 발을 갖고 있습니다. 나는 모터스포츠 레이싱 자동차를 운전할 정도의 실력은 아닙니다. 그러나 웬만한 운전자들보다 훨씬 부드럽고 안전하고 빠르게 운전할 수 있는 발을 갖고 있습니다.

　나는 어떤 일이든 머리의 명령에 바로 반응해서 빨리 달려가는 발을 갖고 있습니다. 어떤 생각이나 판단이 정해지면 주저하지 않고 일단 발로 뛰어서 바로 생각을 실천하는 발을 갖고 있습니다.

어떤 사람들은 운동하기에 최적화된 발을 갖고 있습니다. 세계적인 축구선수인 호나우두나 리오넬 메시는 어떤 상황에서 골을 넣는데 최적화된 야생마와 같은 발을 갖고 있습니다.

세계적인 농구선수인 마이클 조던의 경우 슛을 하기 위해 도약하기에 유리한 톰슨가젤과 같은 폴짝 폴짝 잘 뛰는 발을 갖고 있습니다.

세계 최고의 경주차 F1의 카레이서인 마이클 슈마허 선수는 모터스포츠 역사상 가장 성공한 카레이서이자 최고액 연봉 스포츠 스타입니다. 그는 환상적으로 F1머신을 제어하여 여러 번 결승선을 먼저 통과하여 F1의 황제라는 별명을 얻었습니다. '살아 있는 전설'로 불리는 그는 통산 7회의 세계 챔피언 기록을 가지고 있고 당분간 몇 십 년 동안은 깨어지지 않을 불멸의 기록을 보유하고 있습니다. 그는 F1 머신 운전하는 세계 최고의 황금 발을 갖고 있습니다.

'말아톤'이라는 영화가 있습니다. 5살 지능을 지닌 청년 20살 초원이가 있습니다. 그는 나이에 비해 지능이 부족하지만 남들과 달리 유독 일반인보다 잘하는 것이 있습니다. 바로 달리기였습니다. 실제 주인공은 2001년 춘천 마라톤 대회에서 비장애인도 완주하기 힘든 마라톤대회에서 3시간 이내에 완주했습니다.

이 영화는 극중에 주인공 초원이가 대회를 앞두고 엄마에게 한 대사로 유명합니다. "초원이 다리는?" "백만 불짜리 다리" 이 짧은 대사는 영화의 모든 것을 말해 주는 유행어가 되었습니다.

당신은 여러 스포츠 선수들처럼 달리기와 점프와 운전을 잘하는 발을 갖고 있습니까? 혹은 무슨 일이든 바로 처리하는 일꾼 발을 갖고 있습니까?

아니면 지금 앞이 보이지 않아 멍석 위에 풀썩 주저앉아 구걸하는 소경 바디매오와 같은 발을 갖고 있습니까? 치열한 전쟁에 믿음을 잃고 뒤로 물러나는 침륜(沈淪: 물에 빠져 가라앉음)에 빠진 것 같은 패잔병 발을 갖고 있습니까?

지금 당신의 발의 상태가 어떻든지 중요하지 않습니다. 최고의 발을 갖는 방법을 알려드리겠습니다.

당신은 예수님이 친히 발을 씻겨 준 기적의 주인공이다

당신은 예수님이 행하신 세족식 기적을 알고 있습니까?

예수님의 공생애(公生涯, 공적인 생활) 마지막 공식적 기적은 베드로가 휘두른 검에 의해 자신의 귀가 잘린 대제사장의 종 말고의 귀를 예수님이 다시 붙여 주시는 기적입니다.

"이에 시몬 베드로가 칼을 가졌는데 그것을 배어 대제사장의 종을 쳐서 오른편 귀를 베어버리니 그 종의 이름은 말고라."(요 18:10) "예수께서 일러 이르시되 이것까지 참으라 하시고 그 귀를 만져 낫게 하시더라."(눅 22:51)

나는 예수님께서 십자가에 달리시기 전에 마지막에 행하신 기적 중에 가장 기억해야 할 사건은 제자들에게 행한 '세족식 기적'이라 생각합니다. 왜 '세족식'이 아니고 '세족식 기적'일까요?

많은 사람들이 예수님처럼 세족식의 형식을 흉내 내고 있습니다. 발을 씻기면서 발을 씻어 주는 자가 낮은 자리에 처해서 겸손한 마음을 갖는다는 마음의 표현입니다. 씻김을 받는 사람은 여러 가지 복잡했던 마음과 관계를 회복하는데 의미를 둡니다. 그런 면에서 나름대로 좋은 의미가 있습니다.

그런데 과연 예수님께서 십자가에 달리시기 며칠 전인 공생애를 정리하는 그 귀한 시간에 단순히 사람과의 관계 회복을 위해서 발을 씻으셨을까요?

예수님이 제자들의 발을 씻기신 이유가 "내가 너를 씻어 주지 아니하면 네가 나와 상관이 없느니라"(요 13:8)고 하시면서 세족식이 예수님과 제자와의 관계를 위한 중요한 의식이라는 것을 강조하고 있습니다. 그리고 "내가 하는 것을 네가 지금은 알지 못하나 이 후에는 알리라"(요 13:7)고 하셨습니다.

당신은 예수님께서 제자들의 발을 씻어 주신 보다 근본적인 이유를 알고 있어야 합니다. 예수님께서 제자들의 발을 씻기신 의식인 세족식의 기원을 출애굽기에서 알 수 있습니다.

"너희는 물두멍(basin: 물을 담는 대야 또는 항아리)을 놋으로 만들고 그 받침도 놋으로 만들어 씻게 하되 그것을 회막과 제단 사이에 두고 그 속에 물을 담으라. 아론과 그의 아들들이 그 두멍에서 수족을 씻되 그들이 회막에 들어갈 때에 물로 씻어 죽기를 면할 것이요 제단에 가까이 가서 그 직분을 행하여 여호와 앞에 화제를 사를 때에도 그리할지니라."(출 30:18~20)

제사장 아론은 특별히 구별되었습니다. 하나님의 전에서 절기를 지켜 행하기 위해서는 반드시 제물을 드려야 했습니다. 그리고 정해진 의식에 따라 제물을 드리고 반드시 놋으로 만든 물두멍에 고인 정결한 물로 손과 발을 씻은 후에 대제사장만이 들어갈 수 있는 거룩한 성소에 들어갈 수 있었습니다.

성소에 쓰일 기물들은 다 금으로 되었는데 유독 제사장이 손발을 씻을 물을 담아 두는 물두멍은 놋으로 만들었습니다. 놋은 그 성질상 열을 잘 전달합니다. 40도를 오르내리는 광야에서 태양빛에 노출된 놋그릇은 적당히 가열되어 손발을 씻기에 적당한 온도를 유지했습니다.

또한 놋(구리, 황동)은 항균력과 탈취력이 뛰어나 대장균을 포함한 각종 병원성 미생물 번식을 억제하는 작용이 있습니다. 하나님께서는 수천 년 전에도 자신에게 제사 드릴 제사장이 세균에 오염되지 않은 물로 손과 발을 정결하게 씻도록 했습니다.

예수님께서 십자가를 지시기 바로 전 최후의 만찬에서 제자들의 발을 씻기신 것은 열두 명의 제자를 대제사장의 신분으로 바꾸어 주신 사건입니다. 완전히 신분이 바뀐 것입니다.

예수님께서는 자신을 팔 마음을 갖고 있던 가룟 유다까지 포함하여 열두 명 전원에게 옛날 아론에게 부여하셨던 대제사장의 직분을 맡기셨습니다.

모세가 시내 산에서 십계명을 받기 위해 40일간 없는 사이에 아론은 백성들의 성화에 못 이겨 그 손으로 친히 황금 송아지를 만들어 주었던 자였습니다. 하나님은 이런 아론에게 크게 진노하사 그를 멸하려 하셨습니다. 그러나 모세가 아론을 위해 기도하였습니다. 모세의 중보기도를 통해 아론은 하나님의 진노를 피할 수 있었습니다. 더 나아가 직접 하나님께 예배를 드리는 최고의 자리인 대제사장의 자리에 앉혀 주셨습니다.

예수님의 열두 제자들도 예수님의 제자가 되어 그를 따르고는 있었지만 아직 성령이 임하지 않았기에 예수님의 말씀을 정확히 깨닫거나 분변하지 못했습니다. 게다가 자신의 선생이자 구주이신 예수님을 팔 생각을 갖고 있던 자도 있었습니다.

구약시대처럼 열두 제자들도 다 예수님의 진노를 피할 수 없는 자들이었습니다. 그러나 예수님은 모세처럼 친히 중보 해 주셨습니다. 또한 친히 저녁 잡수시던 자리에서 일어나 겉옷을 벗고 수건을 가져다가 허리에 두르시고 이에 대야에 물을 떠서 제자들의 발을 씻으시고 그 두르신 수건으로 닦아 주셨습니다. (요 13:4~5)

이를 통해 불완전한 예수님의 제자들은 이제 예수님의 제자에서 하나님께 온전히 제사 드릴 수 있는 제사장의 직분을 부여 받게 되었습니다. 예수님께서 제자들에게 베푸신 세족식은 자비와 겸손의 행위를 뛰어넘어 원수에게 제사장의 직분을 수여하신 기적 같은 일이라고 할 수 있습니다.

당신은 이런 기적의 세족식을 받은 자입니다. 당신의 가정과 가문이 예수님의 세족식을 받게 하십시오. 예수님의 온전한 복음을 믿는 것이 세족식을 받은 것입니다. 그러면 신분은 완전히 변화됩니다.

옛날 아론이 해마다 드린 제사로는 백성들을 온전케 할 수 없는 율법의 제사였습니다. 그러나 이제는 온전한 제사를 드려서 실로 우리를 온전케 할 수 있는 예배를 드리는 제사장의 신분으로 당신은 바뀌어 있습니다.

"그러나 너희는 택하신 족속이요 왕 같은 제사장들이요 거룩한 나라요 그의 소유가 된 백성이니 이는 너희를 어두운 데서 불러내어 그의 기이한 빛에 들어가게 하신 이의 아름다운 덕을 선포하게 하려 하심이라."(벧전 2:9)

나는 최고의 몸값을 가진 인생으로 바뀌었다

당신은 왕이요 제사장입니다. 예수 그리스도의 소유가 된 자로서 휘장으로 가려진 성막을 들어가는 제사장보다 더 위대하게 빛되신 예수 그리스도 안으로 들어갈 수 있는 자들이 되었습니다. 이 놀라운 기적의 사람으로 변화된 당신은 예수 그리스도의 아름다운 기적을 만민에게 전파해야 손과 발이 되었습니다.

"좋은 소식을 전하며 평화를 공포하며 복된 좋은 소식을 가져오며 구원을 공포하며 시온을 향하여 이르기를 네 하나님이 통치하신다 하는 자의 산을 넘는 발이 어찌 그리 아름다운가."(사 52:7)

예수님께서 씻어 준 발을 가지고 있는 당신은 그 어떤 발보다 가치 있는 발을 갖고 있습니다. 그러므로 당신은 이 세상의 많은 영혼들을 향해 "피곤한 손과 연약한 무릎을 일으켜 세우고"(히 12:12)라는 말씀대로 일을 하는 자가 되었습니다.

당신은 베데스다 연못가에 누워 있는 삼십팔 년 된 병자가 예수

님을 만나 일어나 병상을 들고 걸은 기적보다 더 큰 기적을 경험한
왕 같은 제사장임을 기억하십시오. 당신은 육체의 병을 고침 받는
기적을 훨씬 뛰어 넘는 신분 변화의 기적을 경험한 자들입니다.

당신의 가정이 거할 가장 안전한 곳은 어디일까?

당신의 가정은 안전한 곳에 거하고 있습니까?

나의 가정과 가문은 세상의 어떤 위험에도 흔들리지 않는 가장 안전한 곳에 거하고 있습니다. 나의 가정과 가문이 거하는 이곳은 아무 걱정과 염려 없이 일평생 자손 천대까지 물려줄 수 있는 곳입니다.

세상에서 가장 안전한 곳이 있다

이곳은 어떤 곳일까요? 바로 영원한 반석이신 예수 그리스도 안입니다. 당신도 세상에서 가장 안전한 예수 그리스도 안에 거하십시오. 완전한 은혜의 복음을 믿으면 그 안에 거할 수 있습니다. 당신의 가정과 가문도 가장 안전한 예수 그리스도 안에 모두 함께 거하게 하십시오.

성경에 여리고 성이 나옵니다. "여호와께서 여호수아에게 이르시되 보라 내가 여리고와 그 왕과 용사들을 네 손에 넘겨주었으니, 제사장들이 양각 나팔을 길게 불어 그 나팔 소리가 너희에게 들릴 때에는 백성은 다 큰 소리로 외쳐 부를 것이라. 그리하면 그 성벽이 무너져 내리리니 백성은 각기 앞으로 올라갈지니라."(수 6:2,5)

이 성은 모세의 인도로 출애굽 한 이스라엘 백성이 사십 년 광야 생활을 끝내고 여호수아의 인도로 가나안에 들어가서 처음 전쟁을 치러 승리했던 곳입니다.

이 여리고 전쟁은 성경에 나오는 특이한 전쟁 중에 하나로 칼과 창으로 전쟁한 곳이 아니었습니다. 성 주위를 돌고 소리를 질러 성벽을 무너뜨리고 승리한 곳입니다. 그곳은 가나안 사람들에게는 하나님이 저주하신 무서운 땅이고, 이스라엘 백성들에게는 자신들은 힘쓰고 애쓰지도 않았는데 큰 승리를 거둔 놀라운 기적의 장소입니다.

여호수아가 가나안에 입성한 때가 대략 BC 1400년 정도 됩니다. 또 벧엘 사람 히엘이 여리고를 건축할 때는 분열 유대 왕국 아사 왕 과 이스라엘 왕 아합 왕 시대인 BC 911~870년 정도 되었습니다. 그리고 여리고 성은 인류가 거주했던 가장 오래된 성읍 중 하나로 대략 연대를 측정하면 BC 8,000년경에 축조되었습니다.

인류가 쌓은 가장 오래된 성 중의 하나이자 아름답고 견고한 성인 여리고 성은 BC 1,400년경 여호수아에게 정복될 때까지 한 번도 침략 당한 적이 없었습니다. 6,600년간 그곳에 거주한 사람이나 이웃인 세상 사람들의 보기에 낙원과 같은 철옹성이었습니다. 이런 성이 하나님의 백성이 큰 소리로 외치자 무너졌습니다.

이 여리고 성을 무너뜨렸다는 것은 몇 가지 의미가 있습니다.

첫째, 세상이 완벽하게 건축한 '여리고 성'도 하나님의 백성을 막는데 사용된다면 어김없이 무너진다는 것입니다.

둘째, 하나님의 사람은 세상이 만들어 놓은 어떤 건축물보다 완벽하고 안전한 성전에 성령님을 모신 자들입니다.

셋째, 성령님께 속한 사람은 세상이 안전하다고 하는 사업, 오래된 사업, 미래가 보장된 사업이라고 해도 성령님이 "떠나라. 움직이라"고 말씀하시면 과감히 버리고 일어나서 그곳을 떠나는 사람들이라는 것입니다.

나는 반석이신 예수님이 거하시는 가장 견고한 성전이다

당신에게 여리고 성과 같은 거대한 유서 깊은 철옹성이 있습니까? 나에게는 여리고성과는 비교도 되지 않는 그 누구도 무너뜨릴 수 없는 우주에서 가장 강력한 철옹성이 있습니다. '뜨인 돌'이신 예수 그리스도가 반석이 되어 지어진 내 안에 있는 하나님의 성전입니다. 나는 예수 그리스도의 보혈로 건축된 거룩한 성전 그 자체입니다.

당신도 아무나 함부로 무너뜨릴 수 없는 가장 견고한 성이신 예수 그리스도가 함께하는 성전인 것을 굳게 믿으십시오. 당신의 몸은 하나님의 성전이며 하나님의 성전인 당신은 여리고 성과 같이 무너지지 않습니다. 6,000년이 아닌 영원한 시간이 흘러도 파손되어지지 않습니다. 당신의 몸이 하나님의 성전인 것을 항상 기억하십시오.

세상이 견고하다고 믿는 여리고성이 아니라 영원히 무너지지 않는 하나님의 성전이 되어야 합니다. "너희가 하나님의 성전인 것과 하나님의 성령이 너희 안에 계시는 것을 알지 못하느냐?"(고전 3:16)

당신은 예수 그리스도의 피 값으로 건축된 성전입니다. 사람의 돈으로 감히 환산 할 수 없는 가치를 지니고 있습니다. 그 성전에 당신과 함께 그리스도의 영이신 성령님께서 함께 거하십니다. 영원토록 함께 있습니다.

성령님이 떠나실까 봐 두려워하거나 불안해하지 마십시오. 당신 안에 건축된 성전은 썩어질 것, 파멸될 것으로 건축된 여리고 성이 아닙니다. 절대로 무너지지 않는 예수의 피로 건축된 성전입니다.

그러므로 구원받은 당신에게 보혜사로 충만히 거하시는 성령님은 당신의 감정과 감각과는 상관없이 영원히 당신 안에 거하십니다. 그것은 당신이 그분을 붙들고 있어서가 아닙니다. 당신의 죄를 위해 죽으시고 삼일 만에 부활하시고 모든 믿는 자에게 구원을 베푸신 예수 그리스도 때문입니다.

그분이 십자가의 보혈로 당신의 죄를 씻어 주셨습니다. 그 보혈로 당신 안에 성령님께서 거하실 아름답고 완벽하고 공격당하지 않고 허물어지지 않는 철옹성의 성전을 지어 주셨기 때문입니다.

주님께서는 자신의 피로 지은 성전인 당신 안에 성령으로 와 계십니다. 당신의 감정에 의해 그분께서 나가시거나 더 오래 머물거나 하지 않습니다. 오직 예수님의 보혈로 당신 안에 지어 놓은 성전이 있기 때문에 거기 기쁨과 즐거움으로 거하시는 것입니다.

하나님의 이름은 '여호와 삼마'(겔 48:35) 곧 '거기 거하시는 하나님'이십니다. 거기가 어디입니까? 예수의 피로 구원 받은 자입니다. 바로 당신의 몸에 거하신다는 것입니다.

하나님은 내 편이시다. 나는 아무것도 두렵지 않다

당신은 "하나님이 내 편이시다. 사람이 내게 어찌할까?"라고 자신 있게 고백할 수 있습니까? 나는 당당하게 고백할 수 있습니다.

"여호와는 내 편이시라. 내가 두려워하지 아니하리니 사람이 내게 어찌할까? 여호와께서 내 편이 되사 나를 돕는 자들 중에 계시니 그러므로 나를 미워하는 자들에게 보응하시는 것을 내가 보리로다. 여호와께 피하는 것이 사람을 신뢰하는 것보다 나으며 여호와께 피하는 것이 고관들을 신뢰하는 것보다 낫도다. 뭇 나라가 나를 에워쌌으니 내가 여호와의 이름으로 그들을 끊으리로다. 그들이 나를 에워싸고 에워쌌으니 내가 여호와의 이름으로 그들을 끊으리로다. 그들이 벌들처럼 나를 에워쌌으나 가시덤불의 불 같이 타 없어졌나니 내가 여호와의 이름으로 그들을 끊으리로다. 너는 나를 밀쳐 넘어뜨리려 하였으나 여호와께서는 나를 도우셨도다. 여호와는 나의 능력과 찬송이시요 또 나의 구원이 되셨도다.”(시 118:6~14)

이 말씀은 내 인생의 고백입니다. 나와 나의 가정, 가문에 실제로 하나님의 축복의 말씀이 그대로 임했습니다. 당신의 가정과 가문에도 그래도 임하게 될 것을 나는 믿습니다. 당신과 당신의 가정을 축복합니다. 이 말씀이 당신의 가정과 가문에 살아 역사해서 일평생 사는 동안 그 무엇도 두려워하지 않고 하나님이 완전한 보호를 받게 될 것입니다.

당신을 향한 하나님의 사랑은 상상을 뛰어 넘는다

다시 성경의 여리고 성으로 가 보겠습니다. 이 성을 점령하고 난 다음 여호수아가 맹세하여, 이 성을 다시 쌓는 자는 저주를 받을 것이라고 선포했습니다.

“여호수아가 그 때에 맹세로 무리를 경계하여 가로되 이 여리고 성을 누구든지 일어나서 건축하는 자는 여호와 앞에서 저주를 받을 것이라. 그 기초를 쌓을 때에 장자를 잃을 것이요 문을 세울 때에 계자를 잃으리라 하였더라.”(수 6:26)

실제로 여호수아가 죽고 난 다음 여호수아의 말을 무시하고 여리고 성의 터를 다시 쌓고 성문을 세운 히엘이란 자의 아들들이 죽었습니다.

"그 시대에 벧엘 사람 히엘이 여리고를 건축하였는데 저가 그 터를 쌓을 때에 맏아들 아비람을 잃었고 그 문을 세울 때에 말째 아들 스굽을 잃었으니 여호와께서 눈의 아들 여호수아로 하신 말씀과 같이 되었더라."(왕상 16:14)

여호수아를 통해 무너진 여리고 성과 성문이 500년 뒤에 일어난 하나님을 두려워하지 않는 자에 의해 재건되었을 때 하나님의 경고의 말씀이 그대로 유효하여 아들을 잃게 되었습니다.

이스라엘 초대 왕이었던 사울 왕도 아말렉을 진멸하라는 하나님의 말씀에 거역하여 왕의 자리에서 물러나게 되었습니다. 여리고 성과 아말렉 족속을 향한 하나님의 진노는 세월이 흘러도 바뀌지 않습니다.

왜 여리고성과 아말렉 족속을 몇 백 년이 지나도 진노하십니까? 그건 출애굽 한 이스라엘 백성을 사랑하셨기 때문입니다. 그들은 어린아이와 같이 방금 자유를 맞본 자들입니다. 430년 만에 노예 신분에서 자유를 얻어 광야를 지나고 있었습니다. 이런 이스라엘 백성을 죽이겠다고 덤벼든 아말렉 족속을 하나님은 그냥 두시지 않았습니다. 오랜 세월이 지나서도 사울을 시켜 또 그들을 멸망시키라고 하셨습니다.

40년 광야 생활을 끝내고 마침내 약속의 땅 젖과 꿀이 흐르는 가나안 땅에 입성했는데 거기에 여리고 성이 버티고 있었습니다. 하나님께서는 6,600년 동안 여리고 백성들을 자유롭게 살게 하셨습니다. 그들에게도 오랜 세월 동안 자비를 베푸셨습니다.

하지만 그들이 하나님의 자녀 된 이스라엘 백성을 거부하고 전쟁을 준비하자 여리고 성을 함락시켰습니다. 500년이 지나서 그 여리고 성과 성문을 다시 쌓으려 했던 히엘의 두 아들도 죽게 되었습니다.

하나님은 그 정도로 택하신 자신의 백성을 한없이 사랑하십니다. 하나님은 당신의 가정과 가문도 이렇게 특별히 사랑하십니다. 믿음의 명문가문은 하나님과 영원한 언약을 맺은 자들로 결코 망하지 않습니다. 오히려 크게 성공합니다.

"너를 축복하는 자에게는 내가 복을 내리고 너를 저주하는 자에게는 내가 저주하리니 땅의 모든 족속이 너를 인하여 복을 얻을 것이니라 하신지라."(창 12:3)

하나님의 당신을 향한 사랑은 상상을 초월합니다. 지금도 그 사랑이 당신의 가정과 가문에 함께하고 있음을 믿고 감사하십시오. 하나님의 큰 사랑을 입은 자녀답게 당당하고 기쁘게 생활하십시오.

안심하고 일어나라. 전능하신 하나님이 완벽하게 인도하신다

당신은 하나님의 인도하심을 완전하게 믿습니까? 나는 하나님의 인도하심을 완전히 믿습니다. 내가 믿은 대로 지금도 하나님은 내가 생각지 못한 더 좋은 길로 계속 인도하고 계십니다. 더 좋은 길로 인도하실 때 하나님은 나에게 "안심하고 일어나라"고 말씀하셨습니다.

명문 가문을 세우는 사람은 자신의 자리에서 안심하고 일어나는 자들입니다. "그 맹인을 부르며 이르되 안심하고 일어나라."(막 10:49)

당신은 당신이 있는 자리를 박차고 일어나 예수님께로 가서 진정으로 원하는 것을 받은 적이 있습니까?

나는 15년 전에 7명의 사람들과 함께 사업을 시작했습니다. 그때 영업적인 기술과 노하우를 많이 배우게 되었고, 이를 기반으로 나에게 맞는 영업 방법을 스스로 터득하게 되었습니다.

그런데 몇 년의 시간이 지나면서 회사 전체를 생각하며 마음을 같이하던 모습은 서서히 사라지고 있었습니다. 자기가 속한 부서와 눈앞에 닥친 사소한 일들만 생각하는 일이 많아졌습니다. 결국은 동업을 하는 사업가의 모습이 아니라 회사원과 별반 차이 없는 생활을 하게 되었습니다.

이때 나는 '아, 몇 년 있으면, 서로 얼굴을 붉히면서 서로 헐뜯고 싸우다 회사가 쪼개지겠구나'라고 생각했습니다. 그때 회사가 분열되어 무너지기 전에 먼저 나가든지 다른 기업에 매각해서 동업이 아닌 주인이 한 명인 회사가 되게 해야겠다고 생각했습니다.

나는 그 시기를 생각하면서 나름대로 준비하고 있었습니다. 그러던 중에 회사를 매각하기 1~2년 전에 나는 어떤 새 제품을 개발하자고 했습니다. 그러나 다른 동업자들은 그건 안 된다고 했습니다. 기술적인 문제가 아니고 정치적인 문제라는 것입니다. 이미 상위 업체가 판을 짜 놓고 "개발하지 마"라고 한 것을 왜 굳이 개발하려고 하느냐는 것이었습니다.

나는 그 상위 업체가 우리를 끝까지 책임질 것인가? 그렇지 않다면 정상적인 기업 활동의 일환으로 당연히 개발해야 한다고 주장했습니다. 급기야 개발 후 판매가 되지 않을 경우 내가 전적으로 책임지겠다고 말하고 개발을 추진하게 되었습니다.

당신은 주위의 모든 사람들이 안 된다고 할 때 "할 수 있다. 된다"고 말하고 끝까지 책임지고 성공한 경험이 있습니까?

나는 주위 사람들 모두의 반대와 불신에도 불구하고 그 제품을 개발하도록 했습니다. 결과는 어떻게 되었을까요? 그 해 내가 된다고 말하고 추진한 제품으로 인해 168억 매출에 60억 이익을 거두게 했습니다. 하나님이 내가 생각하고 말한 것을 그대로 이루어 주셨습니다.

그 후에도 내가 예상하고 준비한 대로 회사는 2년이 안 되어 매각하여 우회 상장을 했습니다. 그 후로 매각한 회사에서 나를 스카우트했습니다.

나는 상무이사로 통신사업본부를 이끌었지만, 상무이사를 맡은 순간부터 다시 2~3년 안에 나가서 내 회사를 차리겠다고 결심했습니다. 내 결심대로 나는 2012년에 퇴사하고 2013년부터 100퍼센트 내 회사를 운영하고 있습니다. 하나님은 내가 생각만 해도 다 응답해 주셔서 더 큰 꿈을 품고 전진하게 하셨습니다.

당신이 보기에 안전하고 완벽해 보여서 끝까지 머물고 싶은 곳이 있습니까? 그곳이 회사가 되었든지 교회가 되었든지 당신의 꿈이 되었든지 당신이 계획하고 움직이는 것 같지만 하나님의 완벽한 인도가 있습니다.

"사람이 마음으로 자기의 길을 계획할지라도 그의 걸음을 인도하시는 이는 여호와시니라."(잠 16:9)

하나님은 당신에게 가장 좋은 것을 주신다

당신 안에 살아 계신 성령님은 다른 사람이 아닌 당신을 가장 사랑하십니다. 온통 그분의 관심은 당신 자신입니다. 당신이 특별한 주인공입니다. 당신의 인생은 당신이 주인공입니다. 당신 안에 살아 계신 주님과 함께 최고의 인생을 살아야 합니다.

당신이 주연이 되어야 합니다. 주님께서는 당신에게 노예와 하인같이 얽매여 있는 그 자리에서 일어나 뛰쳐나와 주연이 되는 믿음을 발휘하길 원하십니다.

당신이 꿈과 소원을 품고 "하나님이 내 인생의 주인인 것처럼 나도 내 사업에서 주인이 되어야겠다. 큰 사업을 하여서 하나님께 영광을 돌리겠다"고 믿음으로 결단하고 당신의 안정된 자리를 박차고 나올 때 기적이 일어납니다.

당신이 지금 있는 곳에도 하나님은 함께 하십니다. 기적은 있습니다. 그러나 그 기적의 결과를 당신이 아닌 다른 주인이 더 많이 누리게 됩니다. 누가 그랬습니까? 야곱과 라반이었습니다. 하나님은 14년간 야곱에게 복을 주셨는데 라반이 그 모든 복을 담았던 것입니다.

야곱은 결단하고 다시 품삯을 정했고 7년간 곳간을 잘 관리하여 큰 부를 이루었습니다. 하나님의 뜻은 야곱에게 있었던 것입니다.

당신도 하나님의 부르심이 있었다면 염려하지 말고 믿음으로 안심하고 그 자리를 박차고 일어나야 합니다. 보이지 않던 새로운 세계가 당신 눈앞에 펼쳐질 것입니다. 하나님의 부르심에는 후회가 없으십니다. 당신의 믿음의 온전한 행동으로 인해 더 높고 넓은 세상을 볼 수 있는 눈이 열리게 됩니다.

바디매오의 눈을 뜨게 하신 예수님이 당신 안에 살아 계신다

성경에는 '바디매오'라는 디매오의 아들이 등장합니다. 맹인 거지입니다. 그가 할 수 있는 것은 앉아서 구걸하는 것뿐이었습니다.

"그들이 여리고에 이르렀더니 예수께서 제자들과 허다한 무리와 함께 여리고에서 나가실 때에 디매오의 아들인 맹인 거지 바디매오가 길 가에 앉았다가 나사렛 예수시란 말을 듣고 소리 질러 이르되 다윗의 자손 예수여 나를 불쌍히 여기소서 하거늘 많은 사람이 꾸짖어 잠잠하라 하되 그가 더욱 크게 소리 질러 이르되 다윗의 자손이여 나를 불쌍히 여기소서 하는지라. 예수께서 머물러 서서 그를 부르라 하시니 그들이 그 맹인을 부르며 안심하고 일어나라. 그가 너를 부르신다 하매 맹인이 겉옷을 내어버리고 뛰어 일어나 예수께 나아오거늘 예수께서 말씀하여 이르시되 네게 무엇을 하여 주기를 원하느냐 맹인이 이르되 선생님이여 보기를 원하나이다. 예수께서 이르시되 가라 네 믿음이 너를 구원하였느니라 하시니

그가 곧 보게 되어 예수를 길에서 따르니라."(막 10:46~52)

이 바디매오는 무너진 여리고 성을 배경으로 구걸하던 자였습니다. 그 성을 재건하다 히엘의 두 아들이 죽은 후로 1,400년이라는 시간이 흘렀습니다. 그런 저주의 흔적이 있는 곳에 예수님께서 그곳을 지나시게 되었습니다.

그때 마침 마치 맹인 된 바디매오가 예수님이 근처를 지나시는 소리를 듣게 되었습니다. 아마 평소보다 더 많은 인파로 북새통을 이루었을 것입니다. 평소 보다 많은 사람들이 모여서 동전을 많이 주었을 수도 있습니다. 그러나 소경 바디매오는 눈앞에서 잠시 늘어나는 동전에 관심이 없었습니다.

비록 그는 눈먼 소경이었고 여리고를 일터 삼아 구걸하고 있었지만 자신의 처지에서 벗어나고 싶은 마음이 간절했습니다. "아, 정말 답답한 내 인생, 눈을 뜨고 볼 수만 있다면 얼마나 좋을까? 정말 눈을 뜨고 싶어. 보고 싶어."

사도행전에 나오는 성전 미문에 앉은 앉은뱅이를 보면 그는 바디매오처럼 소리치지 않고 여전히 구걸하고 있었습니다. 그 모습과 비교해 보면 바디매오가 얼마나 자신의 상황에서 벗어나려고 더욱 간절히 몸부림 쳤는지를 잘 알 수 있습니다.

당신은 예수님이 당신 곁을 지나가신다면 어떻게 할 것입니까? 예수님을 길에서 본 것만으로도 족하다고 생각하며 가만히 있을 겁니까? 바디매오도 평소보다 많이 몰려든 사람들에게 동전을 더 많이 받은 것만으로 만족할 수 있었습니다. 그것에 감사하면서 평상시처럼 살 수 있었습니다.

그러나 절박한 심정으로 무리를 뚫고, 사람들의 시선을 뚫고 예수님께 큰 소리를 치며 나왔습니다. 당신도 주위의 모든 사람들을 뚫고, 사람들의 시선을 개의치 않고 예수님께 나와서 해결 받고 싶은 절박한 문제가 있습니까? 당신이 진정으로 원하는 것은 무엇입니까?

지금 예수님은 당신 곁은 지나시는 것이 아니라 바로 당신 안에서 살아 숨 쉬고 계십니다. 이제는 소리치며 매달리지 않아도 됩니다. 24시간 날마다 그리고 영원히 함께하시는 성령님께 믿음으로 구하십시오.

당신이 원하는 것을 말하고 적고 받았다고 굳게 믿으십시오. 바디매오의 눈을 뜨게 하신 분이 지금 당신 안에 살아 계십니다. 다 듣고 계십니다. 다 알고 계십니다.

예수님께서는 어떤 방식으로 바디매오의 눈을 뜨게 해 주셨습니까? 먼저 "이르시되 안심하고 일어나라"고 하셨습니다. 과감히 당신의 일터에서 일어나십시오. 바디매오에게 말씀하신 예수님이 지금 우리에게는 어떻게 말씀하실까요?

"네가 원하는 것을 들었노라. 이제 너는 네 자리에서 안심하고 일어나라. 네가 네 자리에 앉아 있는 상태로는 너의 소원을 들어줄 수가 없다. 아무리 아름다운 옷과 아름다운 장식으로 너를 장식해 준다 해도 옛 누더기와 옛날 동냥 그릇을 들고 있으면 너를 변화시켜 줄 수가 없다."

"네가 안전하다고 생각하는 곳, 직장, 익숙한 자리와 방식에서 안심하고 일어나라. 너는 지금 소경이지만 앉은뱅이는 아니지 않느냐? 지금 보지 못할 뿐이지 걷지 못하는 것은 아니지 않느냐? 네가 이미 가지고 있는 재능을 최대한 활용하라."

"앞을 못 본다고 왜 앉아 있느냐? 앉아 있으면 구걸하기에 편할 수는 있다. 그러나 다리도 둔해지고 걷지 못해 숨고 차고 너의 모든 육체가 마비가 된다. 그러니 더 굳어지기 전에 네가 사용할 수 있는 육체를 사용해서 안심하고 일어나 겁 없이 나에게 달려와라. 그러면 네 소원을 들어 주겠다."

하나님의 자녀는 마음의 소원을 갖고 지금의 자리에서 안심하고 일어나 예수님께로 달려가는 자들입니다. 그렇게 예수님께 달려가는 데까지는 믿음이 꼭 필요합니다. 막연히 그 자리에 가만히 앉아 익숙한 그 자리만 고집하고 있다면 그것은 믿음이 아닙니다.

예수님의 기적을 믿는다면 당신이 먼저 안심하고 일어나야 합니다. 한 걸음 내딛어야 합니다. 당신의 거지 생활을 보장하는 모든 주변으로부터 탈출하고 결별해야 합니다. 거기까지가 믿음입니다. 예수님께서는 당신에게 물으십니다. "내가 무엇을 하여 주기를 원하느냐?"

나는 오늘도 이 주님의 음성을 듣고 있습니다.

"사랑하는 아들아 내가 네게 무엇 해주기를 원하느냐?"

당신과 나의 모든 꿈과 소원이 현실로 나타날 것입니다. 당신의 가정과 가문도 전능하신 하나님께서 반드시 일으켜 주십니다. 믿음으로 안심하고 일어서십시오. 하나님은 당신의 가정과 가문에 가장 좋은 것을 주시는 분이십니다.

"안심하고 일어나라. 내가 너의 가정과 가문을 일으키리라."

"안심하고 일어나라. 내가 너를 세계 모든 민족 위에 뛰어나게
하리라."

천재작가, 사업가, 자산가의 세계에 진입하라

당신은 어떤 일을 하고 있습니까? 직장인입니까? 사업가입니까? 자산가입니까?

나는 이른 새벽 5시에 출근을 하고 밤늦게 까지 일하는 직장인이었습니다. 날마다 쏟아지는 잠을 이겨내면서 정해진 시간에 출근을 했지만 퇴근 시간은 정해져 있지 않았습니다. 월급을 받고 생활하는 직장인이었기에 내 마음대로 퇴근할 수가 없었습니다.

막연한 미래를 위해 성실히 회사를 다녔고 신앙생활도 열심히 했습니다. 건설현장은 국경일과 공휴일이 없어서 휴식이 필요해도 제대로 쉴 수가 없었습니다. 직장생활과 신앙생활을 모두 열심히 했기 때문입니다.

습관에 따라 피곤한 몸을 이끌고 새벽기도, 주일예배, 수요예배, 금요철야예배에 참석했습니다. 예배 참석 때마다 눈물로 회개하고 부르짖었습니다. 몸은 너무 피곤했고 생활은 여유가 없었습니다. 경제적으로도 내가 원하는 만큼의 여유가 없었습니다. 나는 매일 반복되는 쳇바퀴 같은 일상생활에 점점 지쳐갔습니다.

봉급자 생활을 하면서는 도저히 내가 원하는 부요한 삶을 살수가 없었습니다. 당장 직장을 그만두고 쉬고 싶은 마음도 있었지만 용기가 나지 않았습니다. 특별한 대안도 보이지 않았습니다.

20년이 넘는 시간 동안 직장 생활을 하면서 때로는 가족들과 오랜 시간을 떨어져 지내야 했습니다. 열심히 돈을 벌어 가족들을 부양할 책임이 있었기에 지방 발령도 마다 않고 그저 묵묵히 일할 수밖에 없었습니다.

용기 있는 결단과 선택이 내 인생에 큰 행복을 주었다

그러다가 나는 용기를 내어 결단을 했습니다. 나는 한번뿐인 인생을 후회 없이 살기 위해서 직장에 사표를 제출했습니다. 봉급자의 생활을 청산하고 나니 매달 꼬박꼬박 들어오는 월급은 사라졌습니다. 그 대신 돈으로 살 수 없는 생명 같은 시간이 가장 먼저 선물로 주어졌습니다.

나는 그 시간을 마음껏 누리고 있습니다. 마음껏 책을 읽습니다. 마음껏 성경을 읽습니다. 마음껏 책을 씁니다. 마음껏 땅을 보러 다닙니다. 마음껏 산책을 합니다.

직장생활을 하면서 나는 가족과 떨어져서 지내는 시간이 많았습니다. 참 마음이 아팠습니다. 하지만 지금은 사랑하는 아내와 산책도 하고 아이들에게 내가 읽은 책을 소개해 주기도 하면서 한없이 행복한 시간을 보내고 있습니다.

월급이 없으면 불안할 것 같았는데 오히려 하나님께서는 믿음으로 한 걸음 내딛자 기적을 베푸셨습니다. 매달 월급을 아무리 많이 저축해도 마련할 수 없는 56평의 아파트를 구입할 수 있게 해주셨습니다.

지금도 하나님께서는 나에게 계속 큰 꿈을 불어넣어 주고 계십니다. "아들아 크게 생각하라. 큰 꿈을 꾸어라. 내가 너와 함께하고 있다."

처음에는 조금 두려웠지만 막상 발을 내딛고 나니 내가 꿈꾸던 삶이 하나씩 펼쳐졌습니다. 사표를 던지고 나오지 않았으면 경험하지 못했을 커다란 세계가 있었습니다. 믿음으로 한 걸음 내딛어보니 길이 열리기 시작했습니다. 지금은 천재작가, 사업가, 자산가의 신분으로 살고 있습니다.

당신도 주저하거나 두려워하지 말고 믿음으로 더 넓고 큰 새로운 세계로 진입하십시오. 무엇이 두렵습니까? 하나님께서 말씀하십니다. "두려워하지 말라 내가 너와 함께 함이라 놀라지 말라 나는 네 하나님이 됨이라 내가 너를 굳세게 하리라 참으로 너를 도와주리라 참으로 나의 의로운 오른손으로 너를 붙들리라."(사 41:10)

아브라함의 하나님, 이삭의 하나님, 야곱의 하나님이 나의 하나님이 되셔서 내가 하는 일에 엄청난 물질의 축복을 주셨습니다. 지금도 계속 복이 쏟아지고 있습니다. 나는 날마다 잘되고 있습니다.

하나님의 자녀에게 당연한 일입니다. 당신도 나처럼 날마다 잘될 것입니다. 자녀를 잘 되게 하시는 영원한 아버지 하나님을 믿으십시오.

하나님께서는 아브라함에게 발로 밟는 땅을 주신 것처럼 나에게도 많은 임야와 건축을 할 수 있는 대지를 주셨습니다. 이삭에게 우물의 축복을 주신 것처럼 하나님은 나에게 투자 개발지를 발견하는 눈을 주셨습니다. 미개발 지역에 많은 이윤을 창출하고 다양한 종류의 건물을 지을 수 있는 능력을 주셨습니다.

나는 〈크게 생각하라〉와 〈행복한 억만장자 가문의 비결〉을 쓴 천재작가이며 천재사업가입니다. 성령님이 함께하고 하나님의 지혜가 충만하기 때문에 나는 모든 일을 천재적으로 처리합니다.

건설 회사를 운영하는 천재사업가이며 자금을 투자하고 건물을 관리하는 천재자산가입니다. 당신도 나와 같이 천재작가, 사업가, 자산가의 길을 가십시오. 당신도 할 수 있습니다.

어떻게 하면 작가, 사업가, 자산가가 될 수 있을까요?

첫째, 믿음으로 저질러야 합니다.

직장에서는 적은 월급과 생색내기 보너스를 미끼로 나를 붙잡았습니다. 자녀 교육비와 복지비, 생활비, 연금을 통해 나를 충견으로 만들었습니다. 내가 회사에 근무하면 할수록 나는 점점 작아졌고 우물 안의 바보가 되었습니다.

몇 년간의 안정적인 자리가 보장되어 있었지만 나는 과감하게 저질렀습니다. "자네가 떠나면 맡은 일은 누가 하나?" "직장을 그만두면 당장 어떻게 생활하느냐? 도대체 뭘 먹고 살 거냐? 대책은 있느냐?"라고 말하면서 사람들은 나를 붙잡았습니다.

하나님은 나에게 "직장을 떠나라"고 말씀 하셨습니다. 사람들은 내 인생을 책임질 수 없고 내 꿈을 이루어 줄 수도 없습니다. 그래도 막상 사표를 던지고 나니 이런저런 간섭을 하면서 봉급자의 생활을 권했습니다. 하지만 하나님은 천재작가, 사업가, 자산가의 삶으로 이끌어 주셨습니다. 나는 사람의 말을 듣지 않고 하나님의 말씀을 따라 순종했습니다.

당신도 나처럼 믿음으로 과감히 원하는 삶을 선택하십시오. 당신의 인생을 책임질 수 없는 사람의 말에 동요되지 마십시오. 대신 진정으로 당신이 원하는 것이 무엇인지 생각하십시오. 그리고 하나님께 믿음으로 구하고 행동하십시오. 그러면 길이 열립니다.

나는 믿음의 기도로 응답이 쏟아지는 행복한 삶을 산다

둘째, 처음부터 끝까지 믿음이 중요합니다.

"오직 나의 의인은 믿음으로 말미암아 살리라."(롬 1:17)

나는 매일 새벽기도를 드렸고, 주일에 근무할 때는 점심시간을 이용해서 예배를 드렸습니다. 동료들이 쉬는 시간에는 홀로 경건의 시간을 가졌고 회식 할 때는 얼굴만 비추고 철야 예배에 참석했습니다.

그런데 내가 눈물로 부르짖던 수많은 기도는 그저 하나님께 하소연하고 소망하는 기도였습니다. 응답받는 것이 너무나 힘들었습니다. 나는 믿음으로 구한 것이 아니라 나의 눈물과 노력과 땀으로 구했습니다. 이제 막연한 소망의 기도는 종지부를 찍었습니다.

나는 소원 목록에 내가 원하는 것, 갖고 싶은 것, 가고 싶은 곳, 되고 싶은 모습 등을 적었습니다. 이제는 하나님의 은혜로 믿음의 기도를 합니다.

"세계 일주를 했음. 감사합니다."

"천재 자산가가 되었음. 감사합니다."

"아파트 단지를 지었음. 감사합니다."

"1조 클럽의 멤버가 되었음. 감사합니다."

"대형 건설회사 회장이 되었음. 감사합니다."

"멋진 럭셔리 신도시를 건설했음. 감사합니다."

하나님께서 응답하시는 기도는 막연한 소망형, 미래형의 기도가 아닙니다. 많은 눈물, 오랜 시간이 기도 응답을 받는 조건이 아닙니다. '되었음' '받았음'이라고 믿는 믿음의 기도에 응답하십니다. 미래형이 아닌 과거 완료형입니다.

"그러므로 내가 너희에게 말하노니 무엇이든지 기도하고 구하는 것은 받은 줄로 믿으라. 그리하면 너희에게 그대로 되리라."(막 11:24)

믿음으로 구한 모든 것은 "받을 줄로 믿으라"가 아닙니다. "받은 줄로 믿으라"입니다. 당신도 나처럼 믿음의 기도를 하고 받은 줄로 믿으십시오. 그러면 다 얻게 됩니다. 날마다 응답이 쏟아지는 한없이 행복한 인생을 살게 됩니다.

나는 신분이 완전히 바뀌었습니다. 죄인이었던 내가 의인이 되었습니다. 목말랐던 내가 성령 충만하게 되었습니다. 병들었던 내가 건강하게 되었습니다. 가난했던 내가 부요한 사람이 되었습니다. 어리석었던 내가 지혜로운 사람이 되었습니다. 징계 받던 내가 평화를 누리는 자가 되었습니다. 사망 아래 있던 내가 영원한 큰 생명을 누리는 자가 되었습니다.

노예의 신분에서 왕의 신분으로 바뀌었습니다. 봉급자의 신분에서 사업가, 자산가의 신분으로 바뀌었습니다. 내 안에 있는 천재 마인드와 부자 마인드로 하나님이 기뻐하시는 믿음의 거장이 되었습니다.

내 안에 살아 계시는 예수 그리스도는 세상보다 크신 가장 위대하신 분이십니다. 온 세상의 주인 되신 가장 부요하신 하나님이십니다. 나는 우주에서 가장 부요하신 예수 그리스도를 마음에 모신 하나님의 자녀입니다. 최고의 신분을 가진 진정한 슈퍼리치입니다.

당신도 나처럼 부요하신 예수 그리스도를 모시고 믿음으로 살아가십시오. 진정한 슈퍼리치의 길에 진입 하십시오. 지금 당신이 선택하고 믿음으로 한걸음 내딛으면 길 되신 주님께서 다 열어 주실 것입니다.

서두르지 않아도 여유롭게 목표를 이룰 수 있다

당신은 인생에서 이루고 싶은 목표가 있습니까? 당신은 목적지를 정하고 여유롭게 도착해 본 경험이 있습니까?

나는 공사 현장 설명, 공장 점검과 입찰, 품질 검사, 교육, 기관 탐방 등을 위해 전국 여러 지방을 다녔습니다. 나는 가야 할 목적지만 알고 다른 것은 전혀 모르는 상태였습니다. 낯선 곳을 지도 한 장만 가지고 사람들에게 일일이 물어서 찾아갔습니다.

포장되지 않은 꼬불꼬불한 산골 마을, 배를 타고 들어가야 하는 섬일지라도 정확하게 찾아서 갔습니다. 나는 어떤 방법으로 가든 시간 안에 목적지에 정확하게 도달했습니다.

나는 1월 21일 아들의 군 입대를 위해 충남 논산 육군 훈련소에

갔습니다. 훈련소 입영 행사 시간은 오후 2시였습니다. 훈련소까지 2시간 30분 소요되고 훈련소 근처에서 점심도 먹어야 하니 서둘러서 가야 한다고 아내가 이야기했지만 나는 서두르지 않았습니다.

나는 안전하게 운행을 해서 1시 경에 훈련소 입구에 도착했고 여유롭게 점심까지 먹었습니다. 식사를 마친 후 많은 차량들이 줄을 서 있는 길을 따라 들어간 곳은 입영소가 아닌 퇴소식 입구였습니다. 목적지에 잘못 도착한 것입니다. 하지만 입영소는 1km 더 올라가야 한다는 말을 듣고 차를 돌려 입영소에 도착했습니다.

부대가 워낙 크다 보니 부대 주위를 한참 돌아 주차장에 주차를 하고 입소식 행사장에 도착했습니다. 2시 5분 전이라 이미 많은 사람들로 가득 차 있었고 모든 사람들은 스탠드에 서 있었습니다. 하지만 나와 아내는 무대 중앙에서도 훈련소 연대장 바로 옆 자리 귀빈석에 앉아 행사를 관람할 수 있었습니다. 처음에 잠시 길을 잘못 들어섰지만 다시 차를 돌려서 목적지로 향했습니다. 결국 정확하게 목적지에 도착했고 그것도 가장 좋은 자리에 가게 되었습니다.

나는 여유로운 사람입니다. 목적지를 갈 때 조급한 마음으로 서두르지 않습니다. 대신 여유로운 마음으로 여행하듯이 주변 경치를 즐기면서 갑니다. 지나치게 긴장하거나 서두르지 않아도 결국 도착합니다. 가는 길에 차가 막혀도 짜증내기 보다는 가족과 대화를 나누면서 여유를 잃지 않습니다. 빨리 가기 위해 차선을 무리하게 변경하거나 돌아간다고 힘들어하지 않습니다. 결국 내가 원하는 시간 안에 느긋하게 목적지에 도착합니다.

조급하게 서두르지 말고 여유롭게 즐기라. 그래도 잘 된다

당신은 목적지에 도달했습니까? 아니면 도착 시간이 늦어져서 초조해 하고 있습니까? 혹시 길을 잃고 헤매고 있습니까?

계획하고 있던 일이 완전히 늦추어지거나 시간 안에 이루어지지 않는다고 조급하거나 짜증낼 필요가 없습니다. 조급하게 서둘러도 목적지에 도착하지 못하는 사람이 있고 천천히 가는 것 같아도 목적지에 여유롭게 도달하는 사람이 있습니다.

"내가 다시 해 아래에서 보니 빠른 경주자들이라고 선착하는 것이 아니며."(전 9:11)

늦게 가든 빨리 가든 결국은 목적지에 도착합니다. 조급하게 서두르지 말고 어떤 상황에서도 인생 여정을 즐기십시오. 하나님께 맡기고 여유롭게 목적지를 향하십시오. 하나님께서 이끄시면 여유롭게 즐기면서 빛과 같은 속도로 도착할 수 있습니다.

내 인생의 최종 목적지는 천국입니다. 죽어서 가는 천국만 바라보며 이 땅에서 아무런 여유 없이 조급하게 살지 않습니다. 천국에 도착하기 위해 지옥 같은 고통을 겪지도 않습니다. 나의 믿음은 천국같이 살다가 천국에 가는 것입니다.

의인으로 살다가 의인의 나라에 가는 것입니다. 성령 충만하게 살다가 성령의 나라에 가는 것입니다. 건강하게 살다가 건강의 나라에 가는 것입니다. 부요하게 살다가 부요의 나라에 가는 것입니다. 지혜롭게 살다가 지혜의 나라에 가는 것입니다. 평화롭게 살다가 평화의 나라에 가는 것입니다. 영원한 생명을 가지고 살다가 영원한 생명의 나라에 가는 것입니다.

당신도 나와 함께 천국같이 살다가 천국으로 갑시다.

혼자만의 시간을 가지고 자기 계발을 하라

당신은 하루의 시간을 어떻게 보내고 있습니까?

자신을 위해서 투자하는 혼자만의 시간을 가지고 있습니까?

나는 매일 아침 혼자만의 시간을 가집니다. 책을 읽고 깨달음을 얻는 나만의 자기 계발 시간을 가집니다.

영국의 저명한 작가인 제임스 알렌(James Allen, 1864-1912)은 "사람들은 자신이 환경에 대한 개선은 열망하면서도 자기 자신에 대한 개선에는 기꺼이 나서지 않는다. 이것이 그들이 속박에서 벗어나지 못하는 이유다"라고 했습니다. 나는 내 주위의 환경과 상황이 바뀌기를 간절히 열망했고 이를 위해 가장 먼저 매일 혼자만의 시간에 자기 계발을 하고 나 자신을 개선하고 있습니다.

나는 봉급자로서 건설 현장에 근무할 때 항상 새벽 일찍 일어나는 것이 습관이 되어 사업가가 되어서도 일찍 눈을 뜹니다. 일어나서 책을 가지고 집 근처 대학교 도서관으로 갑니다. 걸어서 10분 이내에 있는 곳이라 시험 기간이 아니면 항상 남는 자리가 있어 내 집처럼 드나드는 곳입니다.

겨울에는 따뜻한 히터와 공기청정기까지 설치되어 있어 책을 읽기에 안성맞춤입니다. 훌륭한 시설과 장비를 갖추고 있고, 분야별로 많은 도서가 비치되어 있어 충분히 활용하면 아주 유익한 정보들을 손쉽게 얻을 수 있습니다. 그 중에 소장하고 싶은 책은 직접 사서 읽기도 합니다.

나는 책을 통해서 억만장자와 사귀고 억만장자의 길을 간다

나는 먼저 부자가 되기 위해서 부자들의 삶을 깊이 알고 싶었습니다. 태어나면서부터 부를 물려받은 상속형 부자보다 자수성가로 부자가 된 사람들의 자서전을 위주로 읽었습니다.

그들은 모두 어릴 때부터 관심 있는 분야에 몰입하고 다독하는 습관을 가지고 있었습니다. 대인 관계를 잘 형성하고, 주변의 도움을 통해 부를 얻을 수 있었고 부를 움켜잡기 보다는 사회에 환원하여 가치 있는 일에 돈을 쓸 줄 아는 마인드를 가지고 있었습니다.

세계적인 거부, CEO들의 삶을 담은 자서전과 평전을 통해 그들의 어린 시절부터 장성할 때까지 성장 배경, 부를 형성한 방법, 인생의 가치관, 재산 사회 환원 등의 내용을 알게 되었습니다.

그들이 걸어온 삶의 발자취를 보며 본받고 싶은 점과 공감이 되는 점들이 많이 있었습니다. 그 모든 좋은 점들은 내 남은 삶의 모토가 되고 있습니다. 동기부여, 자기 계발 전문가들이 쓴 책 속에서 지금까지 내가 생각하지 못했고 행동으로 실천하지 못했던 점들을 깨닫게 되었습니다.

"왜 나는 이런 생각을 하지 못했을까? 왜 안 된다고만 생각했을까? 왜 나는 시도조차 할 생각을 못했을까? 사람의 한계를 뛰어넘어 이렇게 큰 꿈을 이룬 사람들이 많이 있었구나."

나의 경험과 지식의 한계가 완전히 노출되는 부끄러운 순간의 연속이었지만 환골탈퇴(換骨脫退)하고 싶은 열정을 가지고 매권 매장을 넘겼습니다. 처음 학교에 입학한 학생처럼 떨리는 마음으로 배우고자 하는 열정을 가지고 책을 읽었습니다. 지금은 새로운 부요 마인드를 가지고 큰 생각, 큰 꿈을 품고 날마다 성장하는 기쁨을 누리고 있습니다.

앤서니 라빈스 등 자기계발 전문가나 국내외 슈퍼리치의 책들을 읽고 더 큰 꿈과 인생 목표를 가지고 행동으로 옮길 수 있었습니다. 세계 슈퍼리치와 국내 슈퍼리치에 관련된 책을 읽고서 나는 생각했습니다. '아, 왜 진작 이런 책들을 접하지 않았을까? 내가 모르는 이런 세계가 있었는데 만일 더 일찍 접했더라면 나의 인생이 완전히 달라지지 않았을까?' 아쉬움이 너무도 진하게 남았습니다.

하지만 지금까지 나의 삶을 이끌어 주신 하나님 아버지의 인도하심에 감사한 마음이 더 큽니다. 당신도 혹시 나처럼 '더 빨리 알았으면 좋았을 텐데'라고 생각하며 아쉬움이 남습니까? 이제라도 늦지 않았습니다. 자기 계발에 시간과 돈을 투자하십시오.

하나님께서 일하시면 사람이 100년 동안 깨닫고 이루어야 할 것들을 하루만에도 하실 수 있다고 믿습니다. 지금 내가 그렇게 살고 있습니다. 50평생 깨닫지 못했던 것들을 하루 만에 한꺼번에 깨닫고 날마다 성장하는 놀라운 시간을 보내고 있습니다. 다 하나님의 은혜입니다.

자녀들이 크게 생각하고 큰 꿈을 꾸도록 가르치라

나는 이제 깨달았지만 자녀들에게는 일찍 알려줄 것입니다. 어릴 때부터 작가, 사업가, 자산가가 되기 위한 교육을 가정에서 하고 학교에서도 동참해야 합니다.

나는 자녀에게 봉급자 생활의 한계점을 알려주고 사업을 시도할 수 있는 여건을 만들어 주었습니다. 봉급자의 생활보다 작가, 사업가, 자산가가 되도록 자녀에게 더 큰 세계와 가야 할 방향을 제시해 주었습니다. 내가 하는 기업의 일을 가르치고 큰 생각, 큰 꿈을 품고 살아가도록 구체적으로 가르치고 있습니다.

내가 읽은 책 중에 좋은 책을 엄선해서 자녀들에게 권해 주고 꼭 읽을 수 있도록 지도하고 있습니다. 자녀들이 책 속에서 바른 삶의 방향을 가지고 크고 넓은 시야를 갖도록 가르칩니다. 작가, 사업가, 자산가의 마인드가 정립되도록 안내합니다. 나는 인생의 50세에 작가, 사업가, 자산가의 길을 걸었지만 나의 자녀는 20대에 작가, 사업가, 자산가의 길을 걷고 있습니다.

무엇보다 내 안에 살아 계신 성령 하나님의 인도하심으로 새로운 길을 걸어가는 것이 가슴 설레고 든든합니다. 사람이 안전하다고 생각하는 길을 떠났지만 더 큰 평안과 안정감이 있습니다. 전능하신 하나님과 함께 가고 있는 이 믿음의 모험이 날마다 더 감사하고 행복합니다.

당신도 두려워하지만 말고, 반복되는 일상에 지쳐서 눌러앉지 말고 나처럼 믿음으로 더 크고 새로운 세계에 발을 내딛어 보십시오. 하나님과 함께 당신도 다 할 수 있습니다. 나처럼……:

내일이 아닌 오늘, 가족과 최고의 행복한 시간을 보내라

당신은 지금 누구와 함께 있습니까? 직장에서 동료들과 함께 있습니까? 가족과 함께 쉬면서 오늘 행복한 시간을 보냈습니까?

러시아의 3대 문호로 불리는 소설가이자 사상가인 톨스토이(Leo Nikolayevich Tolstoy, 1828-1910)는 "당신에게 가장 중요한 때는 지금 현재이며, 당신에게 가장 중요한 일은 지금 하는 일이며, 당신에게 가장 중요한 사람은 지금 만나고 있는 사람이다"라고 말했습니다. 나는 오늘도 가족과 함께 행복한 시간을 보내고 있습니다. 지금 가족과 함께 하는 이 시간이 나에게는 중요합니다.

예전에는 직장에서 대부분의 시간을 보내면서 가족과 보낼 수 있는 행복한 시간을 뒤로 미뤘습니다. 봉급자 생활을 할 때는 건설을 하는 현장이다 보니 새벽 일찍 일어나 출근하고 밤늦게 퇴근하는 생활을 했습니다. 그야말로 다람쥐 쳇바퀴 도는 생활의 연속이었습니다.

공사가 착수되면 공사 초기부터 각종 허가, 신고, 토공사, 건축공사, 자재관리, 품질관리, 공무, 공사계획, 안전관리, 환경관리업무 등 다양한 업무를 담당했습니다.

회사는 인당 생산성을 높이기 위해 최소 인원만 투입시켜 과중한 업무를 담당하게 했습니다. 회사는 초과 근무 수당을 지급하지도 않으면서 조건 없는 충성만 요구했습니다. 나는 작은 규모의 현장에 혼자 투입된 적도 있습니다. 규모가 작아서 그렇지 해야 할 업무는 큰 현장과 동일한 업무였습니다. 혼자서 다섯 명이 해야 할 일을 감당했습니다.

그러다 보니 몸과 마음은 항상 피곤했습니다. 퇴근하면 쉬고 싶어 만사가 귀찮았고 체력은 고갈되었습니다. 개인적인 여가, 취미활동, 자기 계발은 상상조차 할 수가 없었습니다.

나는 직장 품을 떠나 가족 품에서 행복을 누린다

나는 직장에서 보낸 노예 같았던 생활을 청산하고 왕의 생활을 시작했습니다. 봉급자의 신분에서 사업가의 신분으로 바뀌었습니다. 오로지 나만을 위해 여유롭게 시간을 누리는 자유를 만끽하고 있어 정말 행복합니다.

또한 가장 큰 행복은 가정에서의 생활입니다. 나는 아내와 함께 잠자리에 듭니다. 아내의 향기를 느끼며 달콤한 잠을 잡니다. 아침에 일어나면 곁에서 아내가 자고 있습니다. 아내가 자고 있는 모습을 봅니다. 아침에 자고 있는 아들과 딸을 봅니다. 사랑스러운 모습입니다.

가족들과의 행복한 일상은 이미 당연히 누려야 하는 것인데 직장을 다니는 동안은 마음껏 누리지 못했습니다. 사업가의 길을 걷는 지금은 가족과 보내는 하루하루가 아주 새롭게 다가옵니다.

건설 회사에 근무할 때는 결혼하고 신혼여행을 갔다 온 지 일주일 만에 아내와 떨어져 주말부부 생활을 시작했습니다. 그 이후에도 결혼 생활의 3분의 2이상을 객지에서 보냈습니다. 나는 가족과 함께 할 수 있는 귀중한 시간과 순간들을 놓쳐 버렸습니다.

그러나 지금은 사랑하는 아내와 아들, 딸과 함께 얼굴을 마주 보고 마음껏 이야기합니다. 함께 맛있는 것도 먹고, 여행도 하고 가족들이 자는 모습을 보는 소소한 기쁨을 매일 누리고 있습니다. 정말 한없이 행복합니다.

가족과 함께 누릴 수 있는 행복을 미루지 말고 오늘 누려라

당신도 나처럼 천재작가, 사업가, 자산가가 되어 사랑하는 가족과 함께 행복한 삶을 누리시기를 바랍니다. 내일이 아닌 다음이 아닌 바로 오늘 가족과 함께하는 행복을 맛보십시오. 오늘 가족과 함께 최고의 행복한 날을 보내십시오.

사업을 크게 성공해서 대부호가 되어도 가정이 행복하지 못하면 소용이 없습니다. 진정한 성공이라고 할 수 없습니다.

"돈을 더 벌어서 나중에 가족과 함께 시간을 보내야지."

"지금은 바쁘지만 나중에 시간이 되면 아이들에게 잘 해줘야지."

이렇게 말하면서 오늘 당장 누릴 수 있는 행복을 미루지 마십시오. 가족은 하나님께서 당신에게 지금 당장 매일매일 누리라고 주신 큰 선물입니다. 당신의 가족과 함께 내일이 아닌 바로 오늘 소소한 일상에서 큰 감사와 감격으로 생활하십시오.

내가 꿈꾸던 화려한 삶이 생생한 현실이 되었다

당신은 꿈이 이루어졌습니까?

나는 학창시절과 25년 간 사회 직장생활을 포함해서 50년간 살아왔던 대구를 떠나 오로지 믿음으로 서울에 올라왔습니다. 믿음으로 아브라함은 갈 바를 알지 못하고 갈대아 우르를 떠나 하나님이 인도하신 곳으로 떠났습니다.

미국의 소설가 마크 트웨인(Mark Twain, 1835–1910)은 "앞으로 20년 후에 당신은 저지른 일보다는 저지르지 않은 일에 더 실망하게 될 것이다. 그러니 밧줄을 풀고 안전한 항구를 벗어나 항해를 떠나라. 돛에 무역풍을 가득 담고 탐험하고 꿈꾸며 발견하라"고 했습니다.

나는 안전하다고 생각되었던 직장과 고향을 떠났습니다. 진정으로 내가 원하는 인생을 꿈꾸면서 바보, 범재, 수재, 영재의 삶을 떠나 작가, 사업가, 자산가의 세계에 믿음으로 발을 내딛었습니다. 그러자 내가 꿈꾸던 삶이 현실로 나타났습니다.

나는 56평의 고급 아파트에 살고 싶은 꿈을 이뤘다

나는 하나님의 강한 역사하심으로 56평짜리 10층 로얄층에 위치한 고급 아파트를 좋은 조건에 계약을 했습니다. 아파트가 자리 잡은 위치는 역세권이면서도 도로에서 적당히 떨어져 있는 산자락 옆의 훌륭한 주거지입니다.

남쪽과 북쪽에는 3개의 대학교가 있고 서쪽으로 산이 위치해 있어 공기가 맑고 쾌적합니다. 여유롭게 산책도 하면서 건강을 관리하기에도 좋습니다. 북쪽으로는 유럽풍의 아름다운 빌라 촌이 마치 한 폭의 그림처럼 펼쳐져 있어 멋진 조망권과 함께 천혜의 조건을 지닌 단지입니다.

대구에서 살던 아파트도 서쪽으로 산을 끼고 있는 조용한 아파트였습니다. 당시 구입 가격보다 2배나 오른 가격에 팔려서 서울에 구입한 아파트 대금 지불시 큰 도움이 되었습니다.

하나님은 내가 생각하고 구한 것보다 항상 풍성하게 주신다

아들은 서울에 있는 명문대학교 수시 모집에 합격을 했습니다. 덕분에 정시 모집을 준비하는 친구들과 달리 11월부터 별도 교실에서 자율 수업을 했습니다. 그 시간을 통해 자기가 좋아하는 책을 보며 자기 계발의 시간을 충분히 가질 수 있었고 마음의 자유를 누리는 시간이 되었습니다. 대학교와 아파트도 통학하기 좋은 거리에 있습니다.

딸은 근거리에 위치한 훌륭한 시설의 고등학교에 배정받았고 새로운 장소, 새로운 친구들과 잘 적응하면서 즐겁고 행복하게 생활하고 있습니다.

나는 꿈과 소원 목록을 작성하고 감사함으로 믿음의 기도를 했습니다. 하나님은 내가 생각지도 못한 것까지 주셨습니다. 가족과 함께 지내고 싶은 작은 소망을 하나님께서는 더 크고 풍성하게 응답해 주셨습니다.

내 안에 성령님이 함께 계십니다. 어디를 가든지 항상 동행해 주시고, 더 크게 생각하게 해 주시고, 더 큰 꿈을 품게 하시고, 가장 좋은 것을 주십니다.

"우리 가운데서 역사하시는 능력대로 우리의 온갖 구하는 것이나 생각하는 것에 더 넘치도록 능히 하실 이에게 교회 안에서와 그리스도 예수 안에서 영광이 대대로 영원무궁하기를 원하노라. 아멘."(엡 3:20~21)

자녀를 부모보다 만 배나 큰 인물 키우라

당신은 어떤 일에 익숙하십니까?

나는 아름답고 견고하게 건물을 아주 잘 짓습니다. 어떤 어려운 설계도 완벽하게 시공을 하고 어떤 공법도 쉽게 처리를 합니다. 건설은 군에 입대해서 종합 건설 회사에 근무할 때까지 25년의 경력이 있습니다. 건축이 나에게는 익숙한 일입니다.

나는 익숙하지 않은 새로운 일에 도전해서 성공했다

당신은 책을 써 본적이 있습니까?

나는 책을 쓰는 것을 상상도 해 본적이 없었습니다. 나는 말을 잘 하거나 글로 내 생각을 표현하는 것이 익숙하지 않았습니다. 그런데 지금까지 벌써 2권의 책을 출간했습니다.

〈크게 생각하라〉라는 책을 쓸 때 성령님께서 도와 주셔서 쉽게 책을 썼습니다. 그리고 지금은 매일 매일 책을 쓰고 있기 때문에 책 쓰기가 아주 쉽습니다.

당신은 능숙하고 익숙한 일만 하고 있습니까?

로널드 오스본(Ronald Osborn)은 "해야 될 일이 어렵다고 피하지 마라. 이미 할 수 있는 것만 계속하며 새로운 것을 시도하지 않는다면, 당신은 결코 성장할 수 없을 것이다"라고 말했습니다.

나는 어렵다고 생각했던 '책쓰기'에 도전해서 독자에서 작가로 성장을 했습니다. 직장을 다니다가 '사업'에 도전해서 회사원에서 사장으로 성장했습니다. 당신도 나처럼 새로운 것을 시도해 보십시오. 당신의 인생에 놀라운 성장과 발전이 있고 그에 따라 위치가 상승하게 됩니다.

이제껏 해 온 일들은 능숙하지만 하지 않는 일들은 익숙하지 않아 힘들고 어렵습니다. 그러나 새로운 일을 몇 번 반복하다 보면 숙련이 되어 능숙해집니다. 당신은 무엇이든 할 수 있는 천재입니다. 당신은 천재작가, 자산가, 사업가입니다.

당신은 언제까지 바보, 범재, 수재의 길을 걷겠습니까?

당신도 나처럼 자산가, 사업가의 길을 가시지 않겠습니까? 처음에 익숙하지 않아 조금은 낯설겠지만 당신 자신이 천재라는 것을 믿으십시오. 당신과 함께하는 창조주이신 천재 하나님을 믿으십시오. 새로운 길은 암흑의 구렁텅이가 아닌 찬란한 황금빛입니다.

나는 아이들과 함께 산책하며 행복한 꿈을 꾼다

당신을 보고 자녀는 꿈을 꾸고 있습니까?

나는 예전에 자녀들에게 아빠가 일하는 모습을 보여주기 위해 아파트 공사 현장을 보여주었습니다. 나는 자녀들에게 안전모를 씌우고 아파트 공사 현장 안을 보여주고, 건설 장비를 태워 주고, 멋진 사진도 찍어 주었습니다.

나는 아이들에게 아파트, 군부대 현대화 공사, 항공우주박물관, 유교문화전시박물관, 백화점, 학교 신축, 정수장, 지하철 공간 개발 현장, 오피스텔 등 많은 건물들을 보여주었습니다.

그런데 아이들이 너무 좋아하면서 "나도 아빠처럼 될 거예요"라고 할 때 나는 가슴이 철렁 내려앉았습니다. 나의 자녀는 나보다 더 나은 멋진 삶을 살기를 원했기에 나처럼 된다는 아이들의 말에 하늘이 무너지는 것 같은 충격을 받았습니다.

나는 자녀들과 아름다운 자연을 보며 산책을 합니다. 내가 산책하는 코스 중의 한 곳은 대학 캠퍼스입니다. 다양한 가로수와 조경수들이 어울려 있어 각 장소마다 느끼는 정취와 분위기가 새롭습니다.

이곳은 나무들이 앙상한 가지만 드러내고 있는 겨울에도 멋있습니다. 하지만 봄부터 가을이 되면 풍성한 잎사귀와 형형색색의 꽃이 만개하여 아름다움의 극치를 보여줍니다. 서울에서 많이 알려진 명소 중의 한 곳입니다.

자녀가 천재작가, 강연가, 사업가, 자산가의 길을 가게 하라

최근에 아이들이 "아빠처럼 될래요"라고 할 때 나는 정말 기뻤습니다. 똑같이 "아빠처럼 될래요"라고 말했는데 왜 나는 억장이 무너졌다가 기뻤다가 했을까요?

내가 봉급자일 때는 자녀들이 나처럼 상사 눈치를 보며 회사가 원하는 일을 하는 월급쟁이로 살기를 원하지 않았습니다. 허허벌판에 건물들을 세운 보람은 있었지만 나는 외롭게 혼자 있어야 했고 자녀들은 나를 그리워했습니다. 내가 열심히 일을 하면 할수록 일은 더 많아졌습니다. 나는 자녀들이 불행한 봉급자의 생활을 하기를 원하지 않았습니다. 더 행복하고 자유로운 최고의 길을 가기를 원했습니다.

나는 작가, 사업가, 자산가의 럭셔리한 삶을 자녀들에게 자신 있게 권하고 있습니다. 나는 내가 원하는 시간에 자녀들과 함께 있을 수 있고 자녀들이 나를 필요로 할 때 나는 그들과 함께 있습니다.

책이 나올 책마다 자녀들은 나에게 "아빠 최고예요"라고 엄지를 올려 주었고, 빌딩이 올라 갈 때마다 나의 자산을 보고 함께 기뻐합니다. 나는 자녀들이 행복하고 부요한 천재작가, 강연가, 사업가, 자산가의 생활을 하기를 원합니다.

이제는 자녀들이 나를 보고 꿈을 꾸고 있습니다. 나보다 만 배나 큰 인물이 될 것입니다. 나는 자녀들을 향한 나의 믿음의 기도가 이미 응답되었다고 믿습니다. 한없이 행복합니다. 당신도 나와 함께 최고의 길을 가는 행복을 누리십시오.

나는 수십 년간 조연으로 있다가
단방에 주인공의 위치로 바뀌었다

당신은 인생의 주인공으로 살고 있습니까? 처음에는 아무도 주목하지 않는 조연이었는데 주인공으로 거듭난 경험이 있습니까?

나는 건설 회사 직원으로서 건축 현장 시공 담당 업무를 보았습니다. 직장 생활 중 잊지 못할 사건이 있었습니다. 본사 업무 팀에서 공사를 수주하여 계약했습니다. 공사 현장은 대구에서 130km 떨어진 지방이었습니다. 나는 대학교 선배이면서 직장 상사인 현장 소장과 함께 인사 발령을 받았습니다.

사람들은 나를 해롭게 했지만 하나님은 더 큰 복으로 바꾸셨다

현장 소장의 집은 수주한 공사 현장에 있었지만 나는 대구에서 출퇴근할 수 없어 현장 근처에 숙소를 구해서 지냈습니다. 그 당시 나는 혈기 왕성하게 일하는 젊은 나이였고 현장 소장도 대학교 선배여서 서로 좋은 감정으로 공사 업무를 보았습니다.

그러나 현장 소장은 괴팍하고 특이한 성격자로 자신이 가지고 있는 고민을 달래고자 업무 중에도 술을 즐겨 마셨고 술만 마시면 완전히 다른 사람으로 변했습니다. 술 마시는데서 그치지 않고 험한 말과 욕을 하며 폭력까지 행사하는 주사가 있었습니다.

나는 본사에 전근 요청을 했습니다. 그런데 본사에서는 현장 소장의 성격을 이미 알고 있었습니다. 회사에서는 다시는 이런 일이 생기지 않도록 노력하겠다고 약속 했고, 나는 현장으로 복귀해서 공사 준공 때 까지 정상 근무를 했습니다.

그런데 나는 그 일을 계기로 상사를 잘 모시지 못하는 사람으로 다른 현장 소장들에게 오해를 받았습니다. 사람들은 잘못된 선입견과 편견을 가지고 나를 판단했습니다. 나는 많은 현장 소장들의 추천에서 제외되었고 직장에서 들러리 생활을 하게 되었습니다.

나는 회사의 직원으로 자체 공사를 하고 싶었지만 현장 소장들의 선입견 때문에 타사와 공동으로 수주한 현장에 발령을 받게 되었습니다.

나는 회사를 위해 최선을 다했는데 회사에서는 나를 있으나 마나한 들러리로 생각했습니다. 처음 발령을 받았을 때는 좌천에 의한 발령이라고 생각하고 실망이 컸습니다.

과연 내게 불리한 발령이었을까요? 아닙니다. 그 당시 회사 규

모로는 자금이 어마어마하게 투입되는 대규모의 공사를 단독으로
할 수 없었습니다. 하지만 사람이 보기에 불리할 것 같은 상황이
나에게는 더 큰 경험을 할 수 있는 좋은 기회가 되었습니다.

나는 전국에서 5위 이내에 있는 건설 회사와 지분 참여를 한 지
하철 공간 개발 공사, 낙동강을 끌어 들여 대구시에 식수와 공업용
수로 공급하는 정수장 공사, 제주도 항공 우주박물관 공사 등 대형
프로젝트 현장에 회사를 대표하는 현장 소장으로 발령을 받아 공
사에 참여를 했습니다.

회사에서는 업무가 분장되어 한 파트만 담당하였지만 공동 공사
는 기획, 원가, 공사 등 다양한 업무를 경영자 위치에서 경험할 수
있었습니다. 개인적으로는 대기업에서 받는 급여와 복지 및 근무
시간에 대해 동일하게 적용받다 보니 급여는 올라갔고 복지에 대
한 혜택은 더욱 많아졌습니다.

무엇보다 주일을 쉴 수 있게 되었습니다. 그로 인해 매주 주일
예배를 드릴 수 있었고 가정에 더 많은 시간을 할애할 수 있었습니
다. 또한 젊은 나이에 매달 본사 현장 소장 회의에 참여하여 현장
소장으로의 동일한 인정을 받게 되었습니다.

여호와 이레의 하나님이 나의 하나님이시다

하나님은 나를 장래 사업가로서 쓰기 위해서 일찍부터 경영자
훈련을 시키셨고 다양한 종류의 공사를 경험하게 하셨습니다.

사람들은 나를 따돌리고 끌어내리려고 했지만 하나님은 나를 선택하셨고 주인공이 되게 하셨습니다. 나는 사람들이 생각하는 들러리가 아닙니다. 나는 큰 꿈을 가진 믿음의 사업가입니다.

당신도 나처럼 때로는 사람들에게 인정받지 못할 수 있습니다. 때로는 억울하게 오해를 받고 부당한 대우를 받을 수도 있습니다. 당신이 보기에 잠시 뜻대로 일이 안 되는 것 같다고 힘들어하지 마십시오. 절대로 실망하지 마십시오. 오히려 더 큰 형통의 길이 당신을 기다리고 있습니다.

당신을 지극히 사랑하시는 하나님께서는 당신을 부당하게 대우하지 않으십니다. 하나님께서는 당신을 오해하거나 억울하게 하지 않으십니다. 하나님의 완벽한 계획표를 따라 가장 좋은 길로 인도하고 계십니다. 당신은 하나님께서 함께하시는 진정한 인생의 주인공입니다.

당신의 가정과 가문이 갈 길은
럭셔리한 천재의 길이다

당신은 지혜롭게 살고 있습니까? 당신은 천재의 삶이 무엇인지 알고 있습니까? 천재의 삶은 꿈도 꾸지 못하고 상식이라고 생각하는 길만 가고 있지는 않습니까?

천재 물리학자인 아인슈타인(Albert Einstein, 1879–1955)은 "상식은 18세 때까지 후천적으로 얻은 편견의 집합이다"라고 했습니다. 나는 다수의 사람들이 갖고 있는 상식과 편견을 따라 살지 않고 구별된 천재의 길을 가고 있습니다.

하지만 나는 원래 봉급자의 삶을 사는 범재, 수재였습니다. 범재, 수재의 삶을 몇 십 년 동안 치열하게 살았습니다. 하지만 아무런 만족이 없고 힘들기만 했습니다.

내 아이들은 나보다 더 나은 인생을 살게 해주고 싶었습니다. 그래서 어릴 적부터 영재 교육을 시켰습니다. 나는 아이들을 뛰어난 영재로 만들려고 각종 정보들을 모았습니다.

강남의 8학군에 버금가는 대구의 가장 학군이 좋은 곳에서 아이들을 가르쳤습니다. 남보다 앞서 나가기 위해 하루 5시간 이상 잠을 자지 않았습니다. 로봇처럼 정해진 일정과 계획표를 따라 빽빽한 일정을 소화했습니다.

첫째 아이는 전국과 세계의 영재, 수재 시험에 응시해서 뛰어난 성적을 거두었습니다. 나는 이런 아들을 자랑스럽게 생각하며 '자, 이렇게 영재성을 보여주니 좀 더 열심히 노력해서 한 시대에 획을 긋는 큰 인물로 만들어야겠다'고 생각했습니다.

나는 아이들을 영재로 키우는 것이 최고의 길이라고 생각했습니다. 그래서 수많은 사람들과 피 터지게 경쟁하는 좁고 막다른 길에서 앞만 보고 힘겹게 달리고 있었습니다.

천재로 태어난 아이들을 영재로 키우지 말라

나는 예전에는 하나님께서 아이들을 본래 천재로 태어나게 하셨다는 사실을 깨닫지 못했습니다. 그래서 아이들이 무한한 가능성을 펼치기도 전에 조바심을 냈습니다. 학교에 들어가지도 않은 아이들에게 수많은 지식들을 주입시켰습니다.

아인슈타인은 "내 배움을 방해한 것이 하나 있다면 그것은 학교 교육이다"라고 말했습니다. 하지만 나는 내 자녀들을 학교 교육에서 뛰어난 성적을 거두는 것이 인생의 전부인 것처럼 믿고 살았습니다. 학교 공부에 모든 것을 걸고 아이들의 천재성을 영재성과 바꾸었던 것입니다.

외국어, 사고력 수학, 국어 논술, 창의 과학의 영재 교육을 시켰습니다. 한창 뛰어 놀 학창시절에는 정수론, 함수, 수열, 기하, 벡터, 토플, 토익의 수재 교육을 시켰습니다. 나는 천재교육을 시킨 것이 아니라 거꾸로 천재인 아이를 영재, 수재로 만들었습니다.

혹시 당신도 자녀를 수재, 영재로 키우는 것이 가장 좋은 길이라고 믿고 있습니까? 당신과 나의 자녀는 영재가 아니라 본래 천재라는 사실을 기억하십시오.

그렇다면 과연 천재적인 지혜는 어디에 있을까요?

바로 당신 안에 있습니다. 지혜의 본체는 예수 그리스도이십니다. 지혜의 본체이신 예수 그리스도께서 당신 안에 살아 계십니다. 그러므로 천재적인 지혜는 당신 안에 있습니다. 지혜의 근본이신 예수 그리스도를 믿고 마음에 모신 자는 천재입니다. 바보, 범재, 수재, 영재처럼 살지 말고 천재의 길을 가야 합니다.

"너희는 하나님으로부터 나서 그리스도 예수 안에 있고 예수는 하나님으로부터 나와서 우리에게 지혜와 의로움과 거룩함과 구원함이 되셨으니."(고전 1:30)

천재들은 경쟁하지 않습니다. 천재들은 서로의 고유한 재능을 인정합니다. 학교와 학원에서 가르치는 지식을 달달 외우고 시험에 백점을 맞아서 천재가 되는 것이 아닙니다.

서로 경쟁하고 비교하며 시험 점수라는 하나의 잣대로 평가 받는 곳에는 수많은 범재, 영재, 수재들이 서열에 맞춰 줄을 서 있습니다. 정말 답답하고 경직된 삶입니다. 쉴 틈 없이 질주하면서 늘 부족함을 느끼고 끝을 알 수 없는 불안한 전쟁터에 놓인 삶입니다.

천재성은 당신 안에 있는 성령님으로부터 온다

성경에 천재적인 지혜를 가진 왕이 나옵니다. 바로 솔로몬입니다. 그 솔로몬의 지혜는 기독교인이 아니어도 대부분 알고 있습니다. 솔로몬을 만드시고 솔로몬에게 지혜를 주신 창조주 하나님, 전지전능(全知全能)하신 하나님이 당신과 당신의 자녀안에 살아 숨쉬고 계십니다. 이 사실을 믿는 자는 자신이 천재임을 깨닫고 천재의 삶을 살게 됩니다.

솔로몬의 지혜와는 비교할 수 없는 예수 그리스도의 천재적인 지혜를 가진 자는 어떻게 사는 사람일까요?

첫째, 천재는 특별한 길을 갑니다. 차원이 다른 길을 갑니다.

다수의 대중이 가는 길이 아닌 특정한 소수가 가는 구별된 길입니다. 천재는 다수의 대중 즉, 바보, 범재, 수재, 영재들이 정해 놓은 길을 가지 않습니다. 범인들은 그들의 좁은 생각의 틀에 맞추어 일렬로 줄을 세우고 순위를 정합니다.

하나님께서 창조하신 천재를 사회 기준에 맞추어 정해진 길만 걷게 합니다. 공부가 성공의 지름길이고 봉급자의 길이 최고의 길이라 교육을 하며 끊임없이 비교하고 경쟁하게 만들고 있습니다.

나는 향방 없이 앞사람의 머리만 보고 멍하니 따라가지 않습니다. 나는 한번뿐인 인생을 거지와 노예처럼 살지 않습니다. 나는 럭셔리한 천재의 삶을 위해 교육가, 사업가, 자산가, 작가, 예술가의 길을 갑니다. 천재는 비교하고 경쟁하는 길이 아닌 높이 구별된 쾌적한 길을 행복하게 걷습니다.

천재의 길은 바보, 범재, 수재, 영재가 따라 올수 없고 범접할 수 없는 길입니다. 천재의 길은 천재만이 갈 수 있습니다. 당신도 천재의 길을 가야 합니다.

어떻게 하면 천재가 가는 길을 갈 수 있을 까요?

길이요 진리요 생명이신 예수 그리스도를 믿으십시오. 십자가에서 당신의 모든 어리석음과 무지는 다 사라졌습니다. 대신 당신에게 천재적인 지혜를 주셨습니다. 예수 그리스도를 믿고 천재의 길을 가십시오. 예수 그리스도 자신이 길입니다. 예수 그리스도를 믿으면 지혜와 모략의 신이 충만하게 당신에게 넘치게 됩니다.

둘째, 천재는 산책을 합니다.

하나님이 창조한 최초의 인간인 아담과 하와는 에덴동산을 마음껏 산책했습니다. 하나님께서 세상을 먼저 창조하신 것은 사람에게 에덴동산을 산책할 수 있는 특권을 주기 위함이었습니다.

나는 매일 나만의 에덴동산을 산책하며 하나님께서 만드신 아름다운 자연을 봅니다. 봄바람에 흩날리는 벚꽃 비를 맞으며 분홍빛 하늘을 바라봅니다. 싱그러운 풀 냄새와 아름드리나무를 보며 하나님께 감사를 드립니다. 빨강, 주황, 노랑, 초록의 단풍잎을 보고 유유자적 노니는 황금잉어를 보며 마음의 풍요로움을 가집니다. 온 세상을 하얗게 덮은 산을 보며 예수님의 따스함을 느낍니다.

당신도 창조주와 함께 황홀한 창조의 길을 걷고 싶지 않습니까? 하나님은 산책을 통해 나에게 자연의 아름다움을 보여 주십니다. 그러나 더욱 귀중한 것은 성령님과 함께 산책을 하고 성령님의 음성을 매일 듣는 것입니다. "내가 너를 사랑한다." "너 가는 길이 형통하리라." "내가 너와 함께하노라."

셋째, 천재는 끝에서부터 시작합니다.

범재, 수재, 영재는 목표를 정하고 계획에 따라 하나하나 차근차근 이뤄 나갑니다. 시간이 지나면 목표가 사라져 없어지기도 하고 처음 목표와 달라질 때도 있습니다. 목표점에 도달하면 처음 세운 목표와 전혀 다른 곳에서 헤매기도 합니다. 나는 그렇게 시간을 낭비하면서 어리석게 보내지 않습니다.

천재인 나는 끝에서부터 시작합니다. 끝에서 시작한다는 것은 무엇일까요? 최종 목표, 즉 하고 싶은 것을 나중으로 미루지 않고 먼저 하는 것입니다.

나는 먼저 가족과 함께 여행을 하고 5성급 호텔과 최고급 리조트에서 편히 쉽니다. 가족과 함께 드라이브를 하고 몸에 좋은 음식을 먹습니다. 내가 갖고 싶은 것을 사고, 내가 가고 싶은 곳을 가며, 내가 하고 싶은 것을 합니다. 나는 죽기 전에 성공담을 쓰는 자서전을 쓰지 않습니다. 바로 지금 예수 그리스도의 살아 계심과 그의 사랑을 책으로 써서 전 세계에 복음을 전하고 있습니다.

나는 〈행복한 억만장자 가문의 비결〉 〈꿈과 소원 목록을 적으면 그대로 된다〉 2권의 책을 썼고 퍼스널 브랜딩을 하려고 이미 원고를 다 써 놓았습니다. 당신도 나처럼 책 출간의 꿈을 가지고 천재 작가의 길을 가십시오.

나는 하나님의 피조물입니다. 나의 시작과 끝은 예수 그리스도입니다. 예수님에 관한 멋진 책을 한없이 쓸 겁니다. 온 세계 곳곳에 예수님의 큰 사랑이 널리 전해지도록……

당신의 삶과 깨달음을 물려주는 것이 최고의 유산이다

당신은 자녀에게 어떤 존재입니까?

나는 자녀들에게 믿음의 본이 되는 존재입니다. 자녀들을 믿고 기다려 줍니다. 하지만 오랫동안 나는 자녀들을 조급한 마음으로 다그치면서 양육했습니다. 신앙생활과 학교 공부 모두를 남보다 뛰어 나게 해주려고 열심히 노력했습니다.

나의 노력과 열심을 내려놓고 큰 행복을 찾았다

이제는 사람의 노력과 열심으로 조급하게 모든 것을 이루려는 어리석음을 버렸습니다. 대신 예수님이 십자가에서 다 이루어 놓은 공로를 믿는 하나님의 천재적인 자녀로 살도록 가르칩니다. 정말 한없이 행복합니다.

나의 노력과 열심으로 아등바등 살았을 때는 시간에 쫓기고 환경에 매여서 노예처럼 힘들게 여유 없이 살았습니다. 하지만 하나님의 큰 사랑을 받는 자녀로 사는 지금은 그 무엇에도 얽매이지 않고 왕처럼 여유롭고 당당하게 럭셔리한 인생을 살고 있습니다.

자녀를 부모보다 만 배나 큰 믿음의 사람으로 키우라

나의 땀과 눈물로 살았을 때는 불안, 초조, 두려움, 긴장의 연속이었습니다. 아이들은 나에게 "나는 엄마처럼 예수 믿지 않을래요." "슬픈 예수님은 싫어요"라고 했습니다.

그러나 이제 아이들은 엄마인 내가 성령님과 동행하며 기쁘고 즐겁고 감사하게 사는 모습을 날마다 봅니다.

첫째 아들 이레가 말했습니다. "엄마, 내 속에 예수님이 함께 있어요. 그리고 제가 엄마, 아빠의 신앙을 보고 들으며 배운 게 있는데 걱정 안하셔도 돼요."

둘째 딸 미나도 행복해 하며 말했습니다. "엄마, 내가 생각한 것을 하나님께서 다 들어 주세요"라고 합니다.

부모의 신앙을 존중하고 자신도 부모의 신앙의 발자취를 따를 것이라는 다짐이 무척이나 감사했습니다. 나는 아이들이 엄마인 나보다 만 배나 큰 믿음의 사람으로 살게 될 것을 믿고 조금도 의심하지 않습니다.

당신도 자녀를 당신보다 만 배나 큰 믿음의 사람으로 키우고 싶습니까? 자녀에게 최고의 유산인 믿음의 유산을 물려주고 싶습니까? 자녀를 큰 믿음의 사람으로 키우고 믿음의 유산을 물려주려면 어떻게 해야 할까요?

첫째, 하나님께 순종하는 자가 되십시오.

하나님께 순종한다고 하면 사람들은 무언가를 열심히 하는 것을 떠올립니다. 하지만 하나님께 순종한다는 것은 밤낮으로 교회에서 울부짖고, 교회에서 땀 흘려 봉사하고 전도에 목청을 높이는 것이 아닙니다. 자신의 땀과 수고로 자기 의를 쌓는 것이 아닙니다. 하나님께 순종하는 자는 무엇보다 자신의 공로를 믿지 않고 예수님의 공로를 믿습니다.

"예수께서 대답하여 이르시되 하나님께서 보내신 이를 믿는 것이 하나님의 일이니라 하시니."(요 6:29)

당신은 절대자이신 하나님을 마음대로 생각하고 자의적으로 섬기고 있지 않습니까? 하나님은 사람의 생각과 뜻에 매이는 분이 아닙니다. 예수 그리스도의 복음에 나타난 하나님의 뜻은 당신의 가정과 가문에 진정한 자유를 주는 것입니다. "그리스도께서 우리를 자유롭게 하려고 자유를 주셨으니 그러므로 굳건하게 서서 다시는 종의 멍에를 메지 말라."(갈 5:1)

죄인이 자유를 얻어 의인이 됩니다.

목마른 사람이 자유를 얻어 성령 충만하게 됩니다.

병든 사람이 자유를 얻어 건강하게 됩니다.

가난한 사람이 자유를 얻어 부요해집니다.

어리석은 사람이 자유를 얻어 지혜롭게 됩니다.

징계를 받은 사람이 자유를 얻어 평화를 얻습니다.

죽음에 처한 사람이 자유를 얻어 영원한 생명을 얻습니다.

가족을 위해 믿음으로 기도했으면 기다리라 하나님이 알하신다

둘째는 기다리는 자입니다.

나는 "개척교회에서 봉사를 하고 오세요"라는 목사님의 설교에서 하나님의 음성을 듣고 평생 다니던 교회를 떠나 작은 교회로 옮겼습니다.

작은 개척교회에서 8년이란 시간이 지나고 하나님께서는 "서울로 가라"고 말씀하셔서 또 교회를 옮겼습니다. 나는 하나님의 음성을 듣고 조용히 기도를 드렸습니다.

"하나님 남편에게 어떻게 말을 할까요? 자녀에게 내가 말을 해야 하나요?" 하나님께서는 남편에게 말을 하게 하셨고 자녀들에게는 말을 하지 않게 하셨습니다.

그리고 나는 "이렇게 해라. 저렇게 해라"고 조급한 참새처럼 조잘조잘 말을 하지 않고 여유로운 독수리처럼 하늘을 날며 먼 곳을 바라보며 가족들이 결정할 때까지 기다렸습니다.

남편은 가족과 떨어져서 혼자 제주도에서 직장생활을 하고 주일은 가족이 있는 대구로 와서 낯설고 어색한 개척교회에서 신앙생활을 했습니다. 친구가 많고 큰 교회를 다니던 아이들은 "엄마, 아빠랑 같은 교회에 다닐래요"라고 말하며 나와 남편을 따라 작은 교회에서 신앙생활을 했습니다.

나에게 말씀하신 하나님이 남편과 자녀들에게도 나타나셨습니다. 남편은 밝은 빛 되신 예수님을 체험했으며 자녀들은 '훅'하고 지나가는 바람 같은 성령님을 체험했습니다. 나는 믿음으로 기다려서 모두 한 마음으로 같은 교회에서 주일 성수를 하게 되는 결실을 맺었습니다.

당신은 기다림에 지쳐 자녀에게 짜증을 내고 화를 내지 않았습니까? 당신의 생각과 행동을 자녀에게 거침없이 쏟아 붓고 자녀에게 틈을 주지 않고 조급증을 내지 않습니까?

자녀들이 스스로 생각하고 표현할 때까지 기다려야 합니다. 또한 스스로 일을 결정할 때까지 기다려야 합니다. 당신이 부모로서 간섭하고, 다그치고, 밀어 붙이고 싶더라도 느긋하게 기다리십시오. 빛 되신 주님께서 자녀의 길에 등불이 되어 더 안전하고 편안하게 인도하십니다.

"주님의 말씀은 내 발에 등이요 내 길에 빛이나이다."(시 119:59)

당신이 보기에는 조금 더딜 수 있고 늦을 수도 있지만 하나님이 보시기에 결코 자녀의 시간은 늦지 않습니다. 하나님께서는 메가급 LTE속도로 자녀를 이끌어 주십니다.

"주의 약속은 어떤 이들이 더디다고 생각하는 것 같이 더딘 것이 아니라 오직 주께서는 너희를 대하여 오래 참으사 아무도 멸망하

지 아니하고 다 회개하기에 이르기를 원하시느니라.”(벧후 3:9)

하나님께서 당신을 기다리신 것처럼 당신도 자녀를 기다려야 합니다. 당신의 기다림으로 인해 자녀는 성령님과 교제하며 행복한 나날을 보내며 당신에 대한 사랑과 감사가 넘쳐 날 겁니다. 자녀는 평생 하나님에 속한 자가 됩니다. 염려하지 마십시오.

“보라 인내하는 자를 우리가 복되다 하나니 너희가 욥의 인내를 들었고 주께서 주신 결말을 보았거니와 주는 가장 자비하시고 긍휼히 여기시는 이시니라.”(약 5:11)

당신은 인내로써 믿음의 명문 가문을 세우는 복된 사람입니다.

당신의 가정과 가문을 세상에서 가장 귀하게 여겨라

당신은 하나님과 사람에게 인정받고 있습니까? 인정받기 위해서 무엇을 하고 있습니까?

나는 하나님께 인정과 용납을 받으려고 거룩한 삶을 살았습니다. 사람에게 인정받으려고 착하게 살았습니다. 다른 사람의 좋은 점은 배웠고 잘못된 점은 거울로 삼았습니다. 나의 장점은 극대화시켰고 단점은 최소화하려 노력했습니다.

나는 나름대로 애쓰고 몸부림을 쳤지만 결국 사람들로부터 내가 원하는 만큼 인정을 받지 못했습니다. 온 몸에 힘이 빠지고 도대체 더 이상 어떻게 해야 하는지 알 수가 없었습니다.

결국 나는 하나님 앞에서나 사람 앞에서 내가 애쓰고 노력한 만큼 인정을 받았을까요? 완벽한 자가 되었을까요? 자존감이 높은 자가 되었을까요? 나는 하나님과 사람에게 인정받으려고 모든 세포가 예민했었고 사람의 말 한 마디에 상처를 받고 하나님의 침묵에 눈물로 지새웠습니다.

나는 성경 인물들과도 비교해서 나를 믿음 없는 자로 낙인찍고 사람들과도 비교하면서 나를 무능한 자, 열등한 낙오자로 치부했습니다. 나는 비교의 늪에 깊숙이 빠져들어 소망의 빛이 보이지 않았습니다. 나를 돌아보며 있는 죄 없는 죄를 찾아 가며 회개했지만 죄인의 괴수였고 먼지보다 못한 나는 살아갈 의미가 없었습니다.

하나님은 당신을 이미 용납하시고 인정하셨다

당신은 하나님이 이미 당신을 용납하고 인정한 사실을 알고 있습니까? 나는 이 사실을 믿고 깨달은 후 큰 행복을 찾았습니다. 더 이상 다른 사람들과 비교를 하지 않게 되었습니다. 이미 하나님은 나의 전존재를 용납하셨습니다.

당신도 혹시 나처럼 하나님께 용납 받고 사랑받으려고 몸부림치고 있습니까? 하나님은 당신을 이미 용납하셨습니다. 당신을 하나님의 자녀로 인정하셨습니다. 당신은 이 사실을 믿으면 됩니다.

스스로를 먼저 인정하고 칭찬하지 않으면서 다른 사람에게 인정과 칭찬을 받기 위해 기웃거리는 삶은 참으로 고통스럽습니다. 늘 곁눈질을 하면서 눈치를 보고 비교하는 삶에는 행복이 없습니다.

하나님이 나를 이미 용납하셨고 불꽃같은 사랑으로 함께하신다는 것을 깨닫고 믿으면 더 이상 다른 사람들의 인정과 칭찬에 목말라하지 않게 됩니다.

당신은 철장 같은 견고한 성에 갇혀 있습니까? 끝없는 수렁의 늪에 허우적거리고 있습니까? 캄캄한 어둠 속에서 울고 있습니까?

하나님은 아브라함의 하나님, 이삭의 하나님, 야곱의 하나님이 나의 하나님입니다. 당신은 하나님께 잘 보이려고 아브라함처럼 이삭처럼 야곱처럼 살아야 하는 것이 아닙니다. 당신은 하나님께 칭찬받고 용납 받으려고 애쓰고 노력할 필요가 없습니다. 당신이 할 일은 이미 하나님께 용납 받았다는 것을 믿는 것뿐입니다.

당신은 지금 모습 그대로도 충분히 존귀한 사람이다

하나님께서는 당신의 있는 모습 그대로를 사랑하십니다. 하나님은 당신을 다른 사람들과 비교하지 않습니다. 당신은 세상에서 가장 존귀한 자입니다.

꿈을 꾸는 자는 비교하면서 괴로워하지 않습니다. 이미 꿈을 이룬 사람을 보면 배우고 본받습니다. 주위의 사람들을 보면서 열등감이나 우월감을 갖지 않습니다. 꿈을 사랑하는 자는 존귀한 하나님을 바라보며 앞으로만 나아가는 자입니다.

어떻게 비천한 자가 존귀한 자가 될 수 있을까요?

첫째, 혼자만의 시간을 가져야 합니다.

나는 이웃, 친구, 친척들과 교제하며 시끄럽고 산만한 군중 속에서 시간을 보냈을 때 생각은 혼탁했고 영혼은 혼미했습니다. 지금은 주위를 두리번거리지 않고 오롯이 나만의 고요하고 평온한 시간을 보냅니다.

나는 더 이상 사람들과 비교하며 울고 웃지 않습니다. 나는 신의 음성에 반응하는 하나님의 존귀한 사람입니다. 나는 우주 만물을 창조하신 하나님의 최고의 걸작입니다. 나는 존귀한 사람이 되어 도도하고 찬란하게 빛을 발하며 럭셔리하게 살고 있습니다.

둘째, 자기 계발을 해야 합니다.

하나님께서 나에게 소중한 시간, 특별한 꿈, 반짝이는 아이디어를 주셨습니다. 내가 발견하지 못한 천재적 재능을 찾기 위해 나는 자기 계발의 시간을 가집니다.

책을 읽고 생각을 하며 산책을 할 때 내 속에 있는 천재적인 감각이 살아납니다. 봇물 같이 쏟아져 나오는 천재적인 생각들을 순식간에 마음껏 책으로 표현합니다.

나는 천재교육가, 사업가, 자산가, 작가, 예술가입니다. 나는 내가 모르는 천재성에 깜짝 깜짝 놀랍니다. 나는 숨어 있는 더 많은 천재성을 찾기 위해 자기 계발의 시간을 가지고 있습니다.

감사하면 계속 감사 할 일만 생긴다

셋째, 항상 감사해야 합니다.

나는 감사가 생활화 되어 입버릇처럼 "감사합니다. 감사합니다"라고 말합니다. 나는 원하는 것이 있으면 불평하지 않고 감사함으로 믿음의 기도를 합니다.

많은 소원 목록 중에 '50평대 아파트에 살았음'이라고 적은 것도 응답을 받았습니다. 하나님께서는 서울의 명당에 위치한 넓고 쾌적한 로얄층에 있는 56평의 아파트를 주셨습니다.

나는 정말 기뻤습니다. "감사, 감사해요. 돈은 하나님께서 해결하셨습니다"라고 감사 기도를 했습니다. 나는 걱정 근심의 보따리를 풀지 않고 감사함으로 소원 목록에 인테리어 비용, 각종 세금, 가전제품과 가구 구입비, 생활비까지 구체적으로 적었습니다.

"넘치도록 채워 주셔서 감사합니다"라고 기도를 했습니다. 하나님은 구하는 것마다 다 주시는 분이십니다. 당신이 받지 못했다는 것은 구하지 않았기 때문입니다.

구하면서 당장 눈앞에 보이는 현상을 따라 불평하거나 걱정하지 말고 나처럼 계속 감사하십시오. 그리고 이왕 구할 거면 구체적으로 크게 많이 구하십시오. 하나님은 아낌없이 다 주십니다.

"아무것도 염려하지 말고 오직 모든 일에 기도와 간구로 너희 구할 것을 감사함으로 하나님께 아뢰라. 그리하면 모든 지각에 뛰어난 하나님의 평강이 그리스도 예수 안에서 너희 마음과 생각을 지키시리라."(빌 4:6~7)

당신이 생각했던 일이 잠시 어긋나서 안 되는 것 같아도 감사하십시오. 하나님은 당신이 구한 것보다 더 좋은 것을 주시려고 지금 응답하지 않은 것입니다. 당신이 실패한 것 같아도 감사하십시오.

하나님이 볼 때는 잘 되고 있습니다. 하나님은 당신을 정상에 우뚝 세우려고 하십니다.

감사는 해도 해도 끝이 없습니다. 감사를 하다 보면 감사할 일이 더 많아집니다. 죠지 뮬러는 평생 5만 번 기도 응답을 받았습니다. 당신은 하루에 5만 번 감사하고 그 이상의 응답을 받는 삶을 살기를 바랍니다. 당신과 나의 가정은 일평생 감사가 끊이지 않는 믿음의 명문 가문이 되었습니다. "감사로 제사를 드리는 자가 나를 영화롭게 하나니."(시 50:23)

큰 꿈과 큰 생각이 위대한 인생을 살게 한다

당신은 크게 생각하고 큰 꿈을 꾸고 있습니까? 당신은 크게 생각하고 꿈을 이루기 위해 무엇을 해야 한다고 생각하십니까?

세상은 곡물 전쟁, 정보 전쟁, 경제 전쟁 등 온통 전쟁 중입니다. 사람들은 곡물 전쟁을 대비해 씨앗을 저장합니다. 정보 전쟁에서 이기기 위해 모든 정보를 분석하고 대안을 마련합니다. 경제 전쟁을 대비해 돈의 흐름을 파악하고 돈맥을 찾습니다.

하지만 나는 크게 생각하고 큰 꿈을 이루기 위해 먼저 우주에서 가장 크신 하나님과 함께 합니다. 땅의 모든 전쟁의 승패는 여호와께 속해 있습니다.

"또 여호와의 구원하심이 칼과 창에 있지 아니함을 이 무리에게

알게 하리라 전쟁은 여호와께 속한 것인즉 그가 너희를 우리 손에 넘기시리라."(삼상 17:47)

모든 전쟁은 하나님이 주관하십니다. 그리고 그 모든 전쟁의 승리는 여호와께 있습니다. "여호수아가 칼날로 아말렉과 그 백성을 쳐서 무찌르니 모세가 제단을 쌓고 그 이름을 여호와 닛시라 하고."(출 17:13, 15) 여호와 닛시의 하나님이 나와 함께 하십니다.

세상의 어떤 전쟁도 만군의 주이신 하나님 없이는 이길 수 없습니다. 나는 하나님과 동행하는 하나님의 신에 감동된 자입니다. 나를 이길 자는 없습니다. "여호와는 내 편이시라. 내가 두려워하지 아니하리니 사람이 내게 어찌할까."(시 118:6)

전쟁의 왕이신 하나님께서 나의 편입니다. 나는 꿈을 이루기 위해 승리의 성령님과 동행합니다. 당신도 나처럼 성령님과 동행하십시오. 모든 꿈을 이루고 모든 전쟁에서 이길 수 있습니다.

내가 꿈꾸는 것이 날마다 이뤄지고 있다

꿈을 이루는 자의 특징은 무엇일까요?

첫째, 먼저 크게 생각하고 그릇을 준비하는 자입니다.

나와 남편은 직장에 사표를 내고 새로운 일을 시작하려는 단계에 있었습니다. 나는 새로운 일을 시작하기 전에 미리 정보를 수집하고 계획을 세우며 목표를 이루기 위해 분주하게 움직였습니다.

예전에는 '어떻게든 재빠르게 움직여서 한 푼이라도 빨리 돈을 벌어서 모아야지'라는 생각과 함께 잡다한 정보를 수집하며 불안하게 지냈습니다.

그러나 지금은 바쁘게 몸을 움직이지 않고 하나님을 의지하며 잠잠히 있습니다. 겉으로는 아무것도 하지 않는 것 같지만 큰 생각을 하고 큰 꿈을 꾸고 있습니다. 좁은 생각의 틀을 깨어 부수고 수리하는 리모델링 작업을 합니다.

창조적인 생각의 틀, 어마어마하게 큰 그릇, 아주 많은 그릇을 준비하고 있습니다. 나는 불안한 마음으로 주위를 기웃거리지 않고 평온한 마음으로 전능하신 하나님을 바라봅니다. 하나님의 전신갑주로 무장하고 있습니다.

둘째, 기대와 설렘이 있는 자입니다.

과부와 두 아들이 동네 그릇을 빌릴 때 아무런 희망도 없이 슬픈 마음으로 그릇을 빌렸겠습니까? "엄마, 어떤 기적이 일어날까요?" "형, 우리는 종이 안 될 거지." 꿈을 가진 과부와 두 아들은 기적에 대한 기대와 설렘으로 가득했습니다.

나는 기적을 꿈꾸는 자, 성공을 꿈꾸는 자, 행복을 꿈꾸는 자입니다. 나는 매일 매일 기적을 체험하고 성공자의 길을 걸으며 매일 행복이 넘칩니다. 당신도 꿈을 꾸고 설레는 마음으로 기대하십시오. 꿈을 사랑하고 꿈을 꾸며 생활하십시오. 당신의 꿈은 반드시 이뤄집니다.

셋째, 기다리는 자입니다.

나는 몸이 재빠르고 머리 회전이 빨라 매사에 빨리 움직이고 성격도 급합니다. 나와 반대로 남편은 아주 여유롭고 성격이 느긋합니다. 내가 아무리 서둘러도 남편은 서두르지 않고 아주 느리게 움직입니다. 나는 동시에 서너 가지 일을 하지만 남편은 하나의 일을 아주 오래 합니다. 나는 점점 더 서두르게 되고 조급해지고 짜증을 내고 화를 냅니다. 그런데 남편은 점점 더 느긋하고 여유롭게 웃으며 즐거워합니다.

당신은 눈앞에서 기름이 계속 나오는 기적을 보고 기다릴 수 있습니까? 당신은 항아리에 물을 가득 채워도 기적이 일어나지 않는 것을 보고 기다릴 수 있습니까?

과부와 두 아들은 그릇에 기름이 가득 찰 때까지 기다렸습니다. 예수님께 항아리를 들고 온 자들은 물이 가득 찰 때까지 기다렸습니다.

꿈을 이루는 자는 눈에 보이는 현상 때문에 경거망동(輕擧妄動)하지 않습니다. 당장 아무것도 이루어진 것 같지 않아도 가볍게 흔들리지 않습니다. 눈앞에 기적이 보이지 않는다고 의심하지 않습니다. 나는 믿음의 눈을 가진 자로서 조급하지 않고 끝까지 기다립니다. 당신도 기다려서 큰 꿈을 이루기 바랍니다.

넷째, 문단속을 잘하는 자입니다.

내가 어릴 때 할아버지께서 과자를 사오셨습니다. 나는 혼자 먹지 않고 자랑하려고 과자를 들고 대문을 열고 밖으로 나갔습니다. 과자가 귀하던 시절이라 과자를 보고 동네 아이들이 순식간에 나타나 내 손에 있는 과자를 먹어 버렸습니다.

나는 매번 과자를 빼앗기면서도 대문 밖을 걸어 나가는 어리석은 행동을 했습니다. 할아버지께서는 귀한 과자를 손녀인 내가 많이 먹기를 원하셨지만 동네 아이들의 잔치가 되었습니다.

"너는 네 두 아들과 함께 들어가서 문을 닫고 그 모든 그릇에 기름을 부어서 차는 대로 옮겨 놓으라 하니라."(열하 4:4)

그릇에 기름이 가득 생겼다고 자랑을 했으면 어떠했을까요?

그릇을 빌려 준 자들이 자신의 그릇이라고 가지고 가서 과부와 두 아들의 기름은 아주 조금 있었을 것입니다. 귀한 기름 기적이 일어나면 동네 사람들이 구경 와서 너도 나도 밀치고 엉켜 아수라장이 되어 기름은 모두 엎질러지고 쏟아져 버렸을 것입니다. 과부와 두 아들은 돈으로 환산되지 못하는 기름을 치우느라 더 고된 노동을 하면서 불평불만이 가득했을 겁니다.

꿈을 이루는 자는 문을 잠그는 자입니다. 나의 보화를 남에게 다 보여주면 안 됩니다. 나의 보물 창고도 다 보여주면 안 됩니다. 보화의 가치를 모르는 자는 그것을 비웃을 것이며 보물의 가치를 아는 자는 빼앗아 갈 겁니다.

꿈을 꾸고 시도하고 꿈을 이루는 것도 중요하지만 제일 중요한 것은 성공을 유지하는 것입니다. 당신의 보물 창고의 문을 잠가 당신이 가진 보화를 빼앗기지 마십시오.

성공자와 실패자의 차이는
능력이 아니라 실천력에 있다

당신은 성공하기 위해 무엇을 하고 있습니까? 성공하는 사람과 실패하는 사람의 가장 큰 차이점이 무엇이라고 생각하십니까? 타고난 재능의 차이일까요? 타고난 경제력의 차이일까요?

재정 전문가, 강연가로 활동하고 있는 토머스 빌로드(Thomas J. Vilord)는 "신은 만인을 평등하게 창조 하셨다. 그런데 왜 어떤 사람들은 다른 사람들보다 더 큰 성취를 이루는가? 그것은 그들이 비전, 열정을 가졌고 그것을 실행으로 옮겼기 때문이다"라고 말했습니다.

그런데 나는 나보다 좋은 환경에서 태어난 사람들을 보면서 '저 사람은 돈이 많으니까 성공했을 거야.' 나보다 학벌이 좋은 사람들을 보며 '저 사람은 머리가 좋으니까 성공했을 거야'라고 생각 했었습니다. 그런 생각을 할수록 내 자신은 더욱 작아 보였습니다. 성공은 남의 이야기로만 듣고 막연하게 '나는 언제쯤 저렇게 될 수 있을까?'라는 생각만 했습니다. 그리고 현실에서는 해결할 문제들만 내 눈 앞에 가득 보였습니다.

하지만 나는 이제 예전처럼 나보다 좋은 환경과 능력을 가진 사람들을 막연하게 부러워하지 않습니다. 꿈과 소원을 가지고 과감하게 움직입니다. 결단할 것은 결단하고 시도합니다. "아, 어려워. 내 능력으로는 부족해"라고 말하며 주저하지 않습니다. 대신 "나도 할 수 있어. 시도해 보자"라고 말하며 움직입니다.

성공하는 사람과 실패하는 사람의 차이는 실천력에 있다

과연 성공자와 실패자의 차이점은 무엇일까요?

누구나 꿈이 이루어지기를 바라고 성공하기를 바랍니다. 그런데 왜 어떤 사람은 성공하고 어떤 사람은 실패하는 걸까요? 타고난 재능과 환경의 차이일까요? 그렇지 않습니다.

미국의 과학자이자 발명가인 알렉산더 그레이엄 벨(Alexander Graham Bell, 1847-1922)은 "성공과 실패의 유일한 차이점은 실행력이다"라고 말했습니다.

실패한 사람보다 훨씬 악조건에서도 성공한 사람들이 세상에 정말 많이 있습니다. 가장 중요한 것은 한 마디로 실천을 하느냐 안 하느냐의 차이입니다.

성공자는 꿈을 꾸고, 꿈을 사랑하고 추구합니다. 무엇보다 꿈을 꾸면서 다가오는 현실의 장벽에서 절망하거나 물러서지 않습니다. 명확하게 자신이 원하는 꿈에 초점을 맞추고 당장 할 수 있는 것부터 실천하고 행동합니다. 실패를 두려워하지 않고 시도합니다. 잠시 두려움과 불안을 느끼지만 그것을 딛고 일어섭니다. 움직입니다. 실수로 넘어져도 다시 일어납니다.

실패자도 꿈을 꾸고, 꿈을 사랑하고 추구합니다. 하지만 실패에 대한 두려움과 불안감 앞에 무릎을 꿇습니다. 이런저런 핑계를 대며 포기하고 아무것도 시도하지 않습니다. 실패자의 눈에는 온통 안 될 수밖에 없는 현실의 상황과 장애물이 가득합니다. 사실은 성공자도 그보다 더한 장애물과 현실을 만나지만 행동으로 돌파합니다. 실패자는 조금 시도해 보다가 안 되는 것 같으면 그대로 포기해 버립니다.

머뭇거리지 말고 움작이라. 성공의 길이 열린다

당신은 실패자처럼 머뭇거리고 있습니까? 인생은 머뭇거리기에는 시간이 너무 아깝습니다. 머뭇거리지 말고 저지르면 꿈이 이뤄지고 성공의 빛에 다다릅니다. 어떻게 하면 성공자처럼 큰 믿음을 소유하고 담대히 나갈 수 있을까요?

첫째, 본토를 떠나야 합니다.

나는 매달마다 나오는 안정된 수입과 보너스로 안락한 봉급자의 생활에 젖어 있었습니다. 직장에서 받는 작은 봉급으로 행복했습니다. 직장을 그만둔다는 것은 상상할 수 없는 일이었기에 더 열심히 일을 했습니다.

그러나 직장에 충성을 할수록 내 존재감은 더 작아지고 형편은 나아지지 않았습니다. 작은 봉급은 결코 나의 현재와 미래를 보장해 주지 않았습니다. 한 번 뿐인 소중한 나의 인생을 직장에서 나오는 월급만 의지해서 살고 싶지 않았습니다.

지금 우리는 하루가 다르게 급속도로 변화하는 시대를 살고 있습니다. 내일을 알 수 없는 시대에 당신이 다니는 직장이 변함없이 미래를 보장해 줄 거라고 착각하면 안 됩니다.

나는 더 이상 머물러 있을 수 없었습니다. 결국 익숙하고 편한 직장을 과감하게 청산했습니다. 나는 이제껏 경험하지 못한 천재 작가, 사업가, 자산가, 예술가의 길을 가고 있습니다. 직장에서 월급을 받는 세계에서는 보지 못한 최고의 길입니다.

당신도 나처럼 믿음으로 한 걸음 내딛어 보십시오. 이제껏 경험하지 못한 새로운 세계가 있습니다. 그 길에는 자유를 만끽하면서 부요하고 행복하게 인생을 사는 사람들이 많이 존재하고 있습니다. 내가 사고 싶은 것, 먹고 싶은 것, 갖고 싶은 것, 누리고 싶은 것을 마음껏 할 수 있습니다.

당신은 봉급자의 작은 배 위에서 파도로 배가 뒤집히지는 않을까 염려하고 있지는 않습니까?

작가, 강연가, 사업가, 자산가의 넓은 바다로 발을 내디디면 물 위를 걸을 수 있습니다. 작은 배에 물이 들어오거나 뒤집힐까 봐 두려워하지 않아도 됩니다. 세상 파도를 이기려고 힘겹게 노를 젓지 않아도 되고 험난한 풍랑에 휩쓸려 조난당할까 봐 걱정을 할 필요도 없습니다.

당신은 넓은 바다의 풍경을 보며 즐기고 물 위를 여유롭게 거닐면 됩니다. 파도가 높으면 높은 곳을 성큼성큼 걷고 잔잔하고 고요한 바다 위를 미끄러지듯 춤을 추면됩니다. 갑갑한 작은 봉급자의 배에서 나와 넓고 아름다운 작가, 사업가, 자산가의 바다에서 풍요로운 자유를 누리십시오. 나는 지금 그렇게 살고 있습니다.

당신도 나처럼 본토를 떠나 새로운 세계, 천재의 세계로 가십시오. 당신은 충분히 그렇게 살 자격이 있습니다. 당신의 가정과 가문도 럭셔리한 천재의 세계에 진입해서 성공의 길을 가게 해야 합니다. 이 세계는 진입해서 맛 본 자만 알 수 있습니다. 최고의 길을 선택하십시오.

둘째, 친척을 떠나야 합니다.

내가 사표를 낼 때 동료들은 안정된 직장을 그만두고 전쟁터 같은 세상에서 무엇을 할 것이냐고 걱정을 했습니다. 서울로 이사할 때에 부모님은 거기서 어떻게 살 것이냐고 염려를 했습니다.

내가 자기 계발의 시간을 갖는다고 여유로운 시간을 가지고 자유를 만끽할 때 이전 직장의 상사들은 봉급자의 길을 권하거나 자신이 있는 사업체에 스카우트 제의를 했습니다.

나는 주위 사람들의 소리를 계속 들으니 조금씩 흔들렸습니다.

그래서 나의 선택을 지키고 후회하지 않기 위해 친구, 친척, 동료들과 연락을 하지 않았습니다. 내 인생을 책임질 수 없는 사람의 부정적인 소리는 듣지 않고 내 인생을 영원히 책임져 주시는 하나님의 소리에 귀를 기울였습니다.

나는 꿈을 훼방하는 사람의 소리에 둔감하고 꿈을 주는 하나님의 소리에 민감합니다. 사람의 소리를 듣는 것은 시간 낭비였고 소중한 나의 에너지 소비이지만 하나님의 소리를 듣는 것은 축복입니다.

세월을 아껴서 100년 동안 할 일을 하루에 할 수 있는 능력도 주십니다. 당신도 나처럼 주변 사람들의 잡다한 소리에 모든 스위치를 끄고 오직 살아 계신 성령님의 음성에만 귀를 기울이십시오. 그 소리가 당신의 인생을 가장 큰 성공과 행복으로 넉넉히 이끌어 줄 것입니다.

꿈이 없는 사람들은 당신의 큰 꿈을 이해할 수도 없고 꿈 자체를 인정하지도 못합니다. 자기의 경험과 상식의 수준에서만 나름대로 조언을 하며 간섭을 합니다. 당신의 위대한 믿음의 꿈을 나눌 수 없는 사람들과는 연락을 단절해야 합니다. 꿈을 꾸게 하신 하나님과 대화를 나누고 교제를 해야 합니다.

나는 오직 전능하신 하나님만 의지한다

셋째, 아비 집을 떠나야 합니다.

나는 남편이 한 달에 두 번 정도 집에 온다는 이유로 친정과 같은 동네에 살았습니다. 자녀를 낳고 키울 때에는 부모님 집에서 함께 살았으며 자녀들이 학교를 다닐 때는 부모님과 같은 아파트 위아래 살았습니다.

나는 결혼을 하고 가정을 이루었지만 부모님을 너무 의지하고 살았습니다. 부모님은 나의 방패막이가 되셨고 나의 요새가 되어 주었습니다. 지금도 나를 키워 주시고 도와주신 부모님께 감사한 마음은 변함이 없습니다.

하지만 나는 몸만 자랐지 어린아이와 같았습니다. 나와 가족의 일을 혼자 결정하지 못하고 혼자 선택하지 못했습니다. 물론 남편도 마찬가지였습니다. 결정할 일이 있으면 "어머님께 여쭤 봐요." "아버님은 뭐라고 말씀하세요?"라고 말했습니다. 그래서 남편과 나는 처음으로 과감한 결정을 내렸습니다.

홀로 서기 위해 독립을 선언하고 아비 집을 떠나 먼 타지 서울로 이사를 했습니다. 나는 그 무엇도 의지하지 않고 철저히 홀로 서기를 시작했습니다. 나는 더 이상 부모님을 의지 하지 않게 되었습니다. 나는 모든 것을 스스로 하나하나 배워 나갔습니다.

그러나 결코 혼자가 아니었습니다. 나에게는 큰 아비 하나님이 있었습니다. 나에게는 큰 남편 예수님이 있었습니다. 아비 집을 떠난 나는 지금 한없이 행복합니다.

당신은 남편이 누구입니까? 당신의 부모님은 누구입니까? 당신은 누구를 의지하고 기대고 손 벌리고 있습니까? 당신의 큰 남편은 예수님이시고 당신의 큰 아비는 하나님이십니다.

　당신이 의지할 분은 오직 예수님이시며 당신과 함께 갈 분은 성령님이십니다. 아비 집을 떠난다는 것은 오롯이 성령님과 함께 가는 것입니다. 불기둥 구름기둥으로 인도하신 하나님께서 지금 당신 속에 빛으로 오십니다. 당신은 본토 친척 아비 집을 떠나 행동하는 큰 믿음을 소유한 성공자입니다.

나는 사람의 제품이 아닌 신의 작품을 먹고 모든 질병이 다 나았다

당신은 오늘 하루 어떤 음식을 먹었습니까? 각종 첨가제가 들어간 인스턴트 음식과 미국산 밀가루로 만든 빵과 과자로 배를 채우지는 않았습니까? 당신의 식탁은 하나님이 주신 자연의 초록빛을 머금은 최고의 음식으로 채워져 있습니까?

나는 편식을 하지 않고 주는 대로 깨끗이 다 먹는 식습관이 있었습니다. 내 아이들도 마찬가지였습니다. 부모가 주는 음식과 사회에서 주는 음식을 묻지도 따지지도 않고 감사한 마음으로 깨끗이 싹 다 먹었습니다.

그런데 몸이 점점 좋아져야 할 아이들이 비염과 감기를 달고 살았고 뽀얗고 깨끗했던 피부는 거칠거칠해졌고 뾰루지를 붙이고 다녔습니다.

나와 남편은 입으로 들어가는 것은 배설되면 그만이란 생각을 했습니다. 무슨 독을 마실지라도 해를 받지 않으리라는 말씀을 엉뚱한 곳에 적용했습니다. 아무런 음식이나 감사한 마음으로 먹으면 된다고 잘못 생각한 것입니다. 그래서 몸에 들어가면 좋지 않은 각종 첨가제가 들어간 정결하지 못한 음식을 거부하지 않고 먹었습니다.

결국 체력 저하, 기력 약화로 만성 피로에 시달렸고 장기 구석구석에 각종 염증과 종양이 생겼습니다. 영혼의 문제는 예수그리스도의 복음을 믿어 해결 받았지만, 육체는 죽으면 썩어서 없어지는 몸이라고 생각하고 별로 신경을 쓰지 않았습니다. 흙으로 왔으니 흙으로 돌아가면 그만이라는 생각으로 아무거나 받아먹고 주워 먹었습니다.

나와 남편과 아이들은 점점 몸에 위험 상태 비상 상태를 알리는 빨간 불이 켜졌습니다. 빨간 불을 끄기 위해 의료 기관과 효험이 있는 곳을 찾아다녔고 유명한 건강식품, 좋은 웰빙 음식을 먹었지만 한 번 켜진 불은 꺼지지 않았습니다.

나와 가족은 최고의 건강을 유지하며 살고 있다

그런데 지금도 지치고 병들고 아픈 몸을 이끌고 살고 있을까요? 아닙니다. 나와 가족의 몸의 이상 신호인 빨간불이 꺼지고 건강한 초록불이 들어 왔습니다.

남편은 위궤양 염증이 사라지고 고지혈 수치와 콜레스테롤 수치가 정상으로 돌아왔습니다. 또한 체중을 8Kg 감량하고 허리는 28인치, 복부와 팔 다리에 지방 대신 근육으로 채워졌습니다.

나는 자궁 종양과 간의 지방과 염증과 위의 염증이 사라졌으며 각 관절 통증과 피부 따가움이 없어졌습니다. 구석구석 자리 잡았던 통증과 고통이 사라지고 근육이 붙고 힘이 솟아났습니다.

자녀들은 비염과 피부 뽀루지가 사라지고 매끄러운 꿀 피부에 날씬하고 건강한 몸을 갖게 되었습니다.

당신의 영혼은 천하보다 귀하다. 몸도 천하보다 귀하다

당신은 영혼을 위해 좋은 말씀을 듣고 경건한 생활을 하며 매일매일 성령님과의 교제를 하면서 육체는 소홀히 대하거나 홀대하지 않습니까? 아무거나 먹고 몸을 혹사시키고 있지 않습니까?

당신의 몸은 천지를 만드신 하나님께서 말씀으로 "있으라"하여 만든 피조물이 아니라 "이렇게 할까? 이게 좋을까?"라고 생각하시며 창조자의 손으로 직접 만든 최고의 걸작입니다.

당신의 몸은 하나님의 영이 거하는 거룩한 장소입니다. "여호와 하나님이 땅의 흙으로 사람을 지으시고 생기를 그 코에 불어넣으시니 사람이 생령이 되니라."(창 2:7) 거룩한 하나님이 거하시는 당신의 몸은 또한 거룩하고 정결한 곳입니다. 200세까지 거룩하고 정결한 성전 잘 가꾸고 유지해야 합니다.

아무거나 먹지 말고 하나님이 만든 최고의 작품을 먹으라

그렇다면 몸에 좋은 음식은 무엇일까요? 나는 외부의 균을 차단하기 전에 음식의 개선과 식탁의 변화로 내부의 대대적인 공사를 했습니다.

첫째, 식탁에 오르는 음식들은 아주 흠 없고 깨끗하고 좋은 것을 깐깐하게 선별합니다. 파장할 때 마트에 가서 신선하지 않은 떨이 채소와 흠이 있어 덤으로 주는 과일을 구입하지 않고 재료가 가장 신선한 오전 시간에 장을 보고 제일 크고 예쁘고 윤기 나는 것을 고릅니다.

정체를 알 수 없이 부서지고 벗겨진 음식은 사지 않습니다. 첨가물은 무엇이 들었는지? 원재료는 무엇인지? 유통기한은 얼마나 남았는지? 제품을 꼼꼼히 따져 구입을 합니다. 그러다 보니 가공 음식, 페스트 푸드, 첨가물이 많은 제품을 사지 않고 신선한 과일, 채소, 육류, 생선을 선택합니다. 사람이 만든 제품이 아닌 하나님이 만든 최고의 작품을 식탁 위에 올립니다.

둘째, 엄선된 유기농 채소, 과일을 먹습니다.

나는 과일은 비싸다는 인식으로 과일 먹기를 기피했고 먹고 싶을 때는 끝물의 맛이 없는 싼 과일을 먹거나 통조림에 든 것을 먹었습니다. 먹고 싶은 채소를 사는 것이 아니라 채소는 무조건 양을 많이 주는 싼 것을 골라서 샀습니다.

그러나 지금은 깨끗한 내 몸에 농약과 비료로 가득 채운 싼 채소는 먹지 않고 설탕 덩어리 통조림과 맛없고 영양가 없는 과일은 먹지 않습니다. 내 몸이 원하고 먹고 싶은 유기농 채소, 가장 신선한 유기농 채소를 고르며 보기에 좋고 큰 유기농 과일, 영양가와 과즙이 풍부한 유기농 과일을 선택해 식탁에 올립니다.

셋째, 소고기와 양고기, 가금류를 먹습니다.

나는 지방과 기름덩어리가 가득한 삼겹살과 오겹살인 돼지고기를 굽거나 찌개를 해서 즐겨 먹었지만 이제는 돼지고기를 먹지 않습니다. 삼겹살과 오겹살이 아주 맛있게 느껴지는 것은 많은 기름 때문입니다. 맛이 좋다고 몸에 기름과 지방으로 가득 채울 수는 없습니다.

기름이 적고 담백하고 몸에 좋은 양고기, 소고기, 가금류를 먹습니다. 항생제로 키워진 육류와 유제품, 가금류는 먹지 않고 신선하고 깨끗한 고기를 먹습니다. 하나님께서 생물을 창조하시고 번성할 때 항생제를 투여하지 않았습니다. 하나님의 방식대로 자연에서 자연스럽게 자란 무항생제 고기를 찾아 맛있게 조리하여 식탁에 올립니다.

넷째, 비늘과 지느러미가 있는 생선을 먹습니다.

나는 바다 밑에 기어 다니는 조개류, 껍질이 딱딱한 게 종류, 뼈가 없는 문어, 오징어, 낙지를 좋아했습니다. 그러나 지금은 바이러스와 세균이 침입을 막는 비늘과 지느러미가 있는 생선을 구입해서 조리고 튀기고 구워 식탁에 올려놓습니다.

당신도 하나님께서 주신 최고의 음식들을 먹어야 합니다. 그러면 나처럼 모든 질병이 사라지고 최고의 컨디션을 유지하며 생기 있게 살게 될 것입니다. 아무리 많은 돈과 큰 명예를 가져도 건강을 잃으면 소용이 없습니다. 당신도 날마다 먹는 음식을 점검하고 건강을 회복해야 합니다.

최고의 음식은 무조건 비싸고 화려한 것이 아닙니다. 오히려 소박하고 단순합니다. 하나님께서 인간에게 먹으라고 허락하신 정결한 음식을 먹으면 됩니다. 곡식, 채소, 과일, 소고기, 양고기, 가금류, 생선을 먹어야 합니다.

"왜 다른 것은 먹으면 안 되나요?" 나는 당신과 논쟁을 하고 싶지 않습니다. 인간을 만드신 하나님께서 명령하신 것을 단순히 순종하고 건강을 되찾았기 때문에 당신에게도 나의 이야기를 나누는 것입니다.

하나님이 주신 자연의 먹을거리가 최고의 음식입니다. 입을 위한 자극적인 음식으로 채우지 말고 몸을 위한 정결하고 건강한 최고의 음식으로 바꿔야 합니다. 당신의 몸은 그 무엇과도 바꿀 수 없는 소중한 성전입니다. 당신의 몸은 가장 귀한 음식을 먹어야 할 충분한 가치가 있습니다.

무엇보다 당신도 당신의 자녀들은 모두 건강해야 합니다. 하나님이 주신 최고의 음식을 먹고 200살까지 장수와 부귀를 다 누리는 믿음의 명문가로 세워지기를 축복합니다.

당신의 자녀는 세계적인 큰 인물이 될 수 있다

당신은 자녀 교육에 관심이 많이 있습니까? 그렇다면 소중한 자녀에게 어떤 교육을 하고 있습니까?

나는 아들, 딸 2명의 자녀를 키우면서 그 누구보다도 교육에 관심이 많았습니다. 아이들의 교육을 위해서라면 그 어떤 수고도 마다하지 않고 열성적으로 가르쳤습니다. 학교 공부와 신앙 모든 면에서 나의 자녀들을 남들보다 뛰어나게 키우고 싶었습니다.

온전한 은혜의 복음을 가르쳐서 자녀를 행복하게 하라

나는 기도로 하루를 시작하고 마무리했습니다. 성경을 읽고 묵상하며 찬양으로 하나님께 감사를 드렸습니다. 성경을 많이 읽고 기도회도 열심히 참석하는 행위 자체가 행함이 있는 믿음이라고 생각했습니다. 행함이 없는 믿음이 되지 않기 위해서 계속 열심히 교회의 각종 프로그램에 참석했습니다.

아이들에게 나의 경험과 지식을 바탕으로 믿음, 소망, 사랑을 가르쳤습니다. 내가 가르친 대로 아이들은 예수를 알기 위해서 매일 성경을 읽고 외우고 묵상을 했고, 예수를 소망하기 위해서는 새벽기도, 철야기도, 산상기도, 작정기도를 했습니다. 예수를 사랑하기 위해서는 선교 훈련을 받고 복음 전도에 열정을 쏟았습니다.

자녀들은 내가 원하는 신앙생활을 모범적으로 실천했습니다. 나는 그런 아이들을 자랑스럽게 생각했습니다. 과연 나의 아이들은 큰 믿음의 소유자였을까요? 아닙니다.

어린 자녀들은 엄마의 맹목적인 강압에 잠시 움츠리고 있었을 뿐입니다. 나의 압박과 강요에서 벗어나기 위해 자기들 나름대로 힘을 키우고 있었습니다. 아이들은 키가 자라고 생각이 자라자 신앙 독립을 선언했습니다.

어느 날 아이들은 나에게 충격적인 발언을 했습니다.

"엄마, 나는 책 읽는 것처럼 그냥 아무런 의미 없이 성경을 읽었어요. 영어 단어를 외우는 것처럼 맹목적으로 성경을 외웠어요. 학교를 가는 것처럼 습관적으로 모든 예배에 참석했어요. 물론 엄마의 교육이 나쁘지는 않았어요. 그런데 율법적인 행위를 왜 해야 하는지 모르겠어요. 정말 예수님이 좋아하실까요?"

나의 아이들은 남들이 보기에는 모범적으로 신앙생활을 하는 것처럼 보였습니다. 하지만 그 시간들이 실제로는 결코 행복하지 않았습니다. 예수님의 큰 은혜와 큰 사랑에 감격하는 기쁨을 맛보는 대신 율법적인 의무들을 행하느라 많은 시간을 보냈습니다.

지금 생각해보면 엄마인 나도, 아이들도 무거운 짐을 지고 쉬지 못하고 있었습니다. 당신과 자녀들은 어떻습니까? 당신의 가정은 어떻습니까? 진정한 쉼이 있습니까? 예수님께서 말씀하십니다.

"수고하고 무거운 짐 진 자들아 다 내게로 오라. 내가 너희를 쉬게 하리라. 나는 마음이 온유하고 겸손하니 나의 멍에를 메고 내게 배우라. 그리하면 너희 마음이 쉼을 얻으리니 이는 내 멍에는 쉽고 내 짐은 가벼움이라 하시니라."(마 11:28~30)

당신도 수고하고 무거운 모든 짐을 벗고 예수 그리스도에게 나아오십시오. 당신과 자녀들 모두 행복한 쉼을 얻을 것입니다. 나와 아이들은 이제 진정한 쉼을 누리며 행복에 푹 젖어 살고 있습니다.

큰 인물들은 자신의 행위를 의지하지 않고 오직 믿음으로 살았다

당신은 신앙의 본질을 알고 있습니까? 하나님께서 인정하시는 성경에 나오는 큰 인물은 어떻게 신앙생활을 했을까요? 자신의 행위와 열심으로 하나님께 인정을 받았을까요?

에녹은 하나님과 동행했지만 성경은 읽어보지도 못했으며 모세는 모세 오경을 썼어도 우리가 지금 읽고 있는 신약 성경은 읽은 적이 없습니다.

마태복음도 못 읽은 모세가 지금 당신이 다니는 교회에 나타난다면 성경 퀴즈 대회에서 꼴찌를 할 수도 있습니다. 여자가 낳은 자 중에 가장 큰 자라고 했던 세례요한도 바울이 쓴 서신서를 읽지 못했습니다. 이런 세례요한이 지금 나타나 당신이 다니는 교회에 다닌다면 성경 암송도, 성경 인물에 대한 지식도 부족해서 주일학교 교사를 못할 수도 있습니다. 그러나 에녹, 모세, 세례 요한은 창조주이신 하나님을 사랑했고 구원자이신 예수를 믿었으며 우주보다 크신 성령님을 믿고 소망했습니다.

인간의 수고와 땀으로 예수님의 공로에 숟가락을 얹지 마라

당신의 수고와 땀과 눈물은 신앙의 본질을 흐려 보이게 하고 하나님의 뜻에 어긋난 삶을 살게 합니다. 의로우신 하나님은 결코 당신의 헛된 노력과 냄새나는 땀과 비참한 눈물과 죄인의 열정을 원하지 않습니다. 예수 그리스도의 땀과 수고를 통해 완벽하게 이루어 놓은 복음에 사람의 수고와 땀으로 숟가락을 얹으면 안 됩니다.

먼저 하나님께서는 당신에게 인간의 의가 아닌 하나님의 의가 나타나시기를 원하십니다. 하나님의 의를 나타내는 것은 사람의 능력으로 할 수 없지만 하나님은 쉽게 하실 수 있습니다. 하나님께서는 의로우신 분이시므로 의로운 이를 믿으면 하나님의 의가 곧 나의 의가 됩니다.

"우리가 아직 죄인 되었을 때에 그리스도께서 우리를 위하여 죽으심으로 하나님께서 우리에 대한 자기의 사랑을 확증하셨느니라. 그러면 이제 우리가 그의 피로 말미암아 의롭다 하심을 받았으니 더욱 그로 말미암아 진노하심에서 구원을 받을 것이니."(롬 5:8~9)

예수 그리스도의 핏 값으로 당신은 더 이상 사망을 두려워하는 죄인이 아니라 영원한 생명을 누리는 의인입니다. 당신은 거룩한 의의 제사장이요, 구별된 의의 선지자요, 특별한 의의 왕입니다.

더럽고 냄새나는 노예 같은 죄인의 삶이 아니라 화려하고 부요한 왕 같은 의인의 삶을 누려야 합니다. 율법에 얽매여 있지 않고 하나님의 은혜에 감사하며 의인으로서 기뻐하고 즐거워하고 행복한 삶을 살아야 합니다. 이것이 바로 하나님의 의를 나타내는 방법입니다. 그리고 하나님께서는 당신이 큰 믿음을 소유하시기를 원하십니다. "믿음은 바라는 것들의 실상이요 보이지 않는 것들의 증거니."(히 11:1)

오직 믿음으로 위대한 인생을 살라

당신은 무엇을 바라고 있습니까? 당신은 무엇을 믿습니까?

당신은 자신의 능력으로 할 수 있는 것을 하나님에게 구하지 않습니까? 당신이 믿고 싶은 것만 믿지 않습니까?

당신이 믿는 하나님은 우주의 총수이시고 당신이 사랑하는 예수님은 우주의 대통령이며 당신과 함께 있는 성령님은 우주의 대부호이십니다. 하나님은 안 되는 것을 되게 하시고 없는 것을 있게 하신 엄청나게 크신 전능자이십니다.

"그가 믿은바 하나님은 죽은 자를 살리시며 없는 것을 있는 것으로 부르시는 이시니라."(롬 4:17)

당신은 크신 성령님과 함께하는 큰 믿음의 소유자입니다.

큰 믿음의 소유자는 두렵고 무서운 것이 없고 담대하게 생활합니다. 남들과 비교하는 상대적인 율법주의의 신앙생활이 아닌 절대적인 신앙생활을 해야 합니다. 그것은 오직 푯대를 향하여 가는 믿음의 삶입니다.

의인은 믿음으로 말미암아 살아야 합니다. "복음에는 하나님의 의가 나타나서 믿음으로 믿음에 이르게 하나니 기록된바 오직 의인은 믿음으로 말미암아 살리라 함과 같으니라."(롬 1:17)

당신이 자녀에게 할 수 있는 최고의 교육은 믿음으로 사는 의인의 삶을 가르치는 것입니다. 온전한 은혜의 복음을 믿고 세상에서 가장 행복하고 멋진 의인으로 살아가도록 가르치는 것입니다. 당신은 오직 믿음으로 살고, 믿음으로 자녀를 가르쳐야 합니다. 오직 믿음으로 위대한 인생을 살 수 있습니다. 오직 믿음으로……:

행복한 억만장자 가문의 비결

초판 1쇄 인쇄 | 2016년 4월 20일
초판 1쇄 발행 | 2016년 4월 30일

지은이 | 김희정 류근영 최현주 류은임

발행인 | 김희정
발행처 | 드림현미디어
등록일 | 2014년 12월 12일, 제305-2014-000045호
주소 | 130-730 서울시 동대문구 천장산로 11길 22
전화 | 070)8225-7875, 010-2908-5009
메일 | glory0124@hotmail.com

ISBN : 979-11-957840-0-4 13320

책값 20,000원